Collection dirigée par Alain Bentolila

Un Monde à Lire

Kimamila CP

Catherine Boyer
Maître de conférence

Jean-Pierre Costet
Conseiller pédagogique

Mireille Hartmann
Professeur des écoles

Isabelle Le Guay
Orthophoniste

Nadine Robert
Conseillère pédagogique

Cahier-livre 2

Prénom ____________________

Nom ____________________

Je sais utiliser mon cahier-livre

Pages bleues : Code

J'entends des sons.

Je vois des lettres, des syllabes et des mots.

Pages rouges : Lecture et Écriture

Je lis et je comprends des textes.

J'écris et j'étudie la langue.

Pages vertes :

Je découvre le monde et les arts.

Nathan

Sommaire

Unité 5 : Autrefois... Aujourd'hui...

Unité 6 : À la découverte de la nature

ISBN 978-2-09-122700-9

Unité 7 : Drôles de petites bêtes !

Unité 8 : En voyage

Autrefois...

Arthur et son nouvel ami

Écoute le premier épisode de l'histoire.

Arthur

Volo

Caroline

Paul

Aujourd'hui...

Au temps du Moyen Âge

Regarde cette image. **Décris** ce que tu vois.

Le château de Bonaguil

Des sons et des lettres (k)

Trouve dans l'image des mots où tu entends (k).

un canard
un masque
un kimono
⚠ un coq
⚠ une chorale

c C c C C

un canard

qu Qu qu Qu

un masque

k K k K K

un kimono

1 **Écoute** les mots. **Écris** oui si tu entends (k) et non si tu ne l'entends pas.

1 2 3 4 5 6 7 8

2 **Coche** les cases où tu entends (k).

3 **Entoure** toutes les écritures de la lettre q.

q g d q Q O p q d p b Q d p g

4 **Écris** les mots dans la bonne colonne.

un carré – une marque – un kilo – le karaté – une équipe – un cri

c	qu	k

qu - c
k

Observe et **lis**.

ca ⟶ un **ca**napé – un **ca**nard – une **ca**méra
le **ca**rnaval – une **ca**rte – le **ca**lcul

co ⟶ un **cô**té – un hari**cot** – une **co**rde

cou ⟶ un **cou**teau – un **cou**de – se **cou**cher

cr ⟶ une **cr**avate – un **cr**apaud – une é**cr**iture

cl ⟶ **cl**aquer – une **cl**é – le **cl**imat – un **cl**ou

qui ⟶ une é**qui**pe – du li**qui**de – **qui**tter

que ⟶ une atta**que** – une mar**que** – un mousti**que**

ka ⟶ le **ka**raté – un o**ka**pi

ki ⟶ un **ki**mono – un **ki**lomètre – le s**ki**

- Arthur coupe des carottes dans la cuisine.
- Les moustiques piquent fort.

Le mécano des lettres

ac – ic – oc
aque – oque – ique
cla – cal
cro – cor
clo – col

5 **Lis** ces mots. **Entoure** dans chaque mot la lettre qui suit c et **écris**-la.

un carnaval – une cuisine – une école – une classe – un acrobate

☐ ☐ ☐ ☐ ☐

6 **Écris** des mots en utilisant les syllabes.

teau – ro – ri – cou – ha – ttes – ca – cot

__________ __________ __________

7 **Complète** les phrases avec le bon mot.

courte – croûte Arthur fait une __________ promenade.

calque – claque La porte __________ trop fort.

8 **Écris** la dictée sur ton cahier du jour.

Épisode 2

Arthur et Volo

Lis le texte.

Arthur ramasse des salades et des carottes pour le roi. Il découvre, caché sous une salade, un petit faucon. L'animal a une aile cassée. Arthur cache le faucon dans son panier. Il n'a pas envie que le méchant fauconnier découvre le pauvre animal.

Rentré chez lui, Arthur s'occupe **bien** du faucon. Il lui donne un nom : Volo. Très vite, Volo guérit. Dans la forêt, Arthur lui apprend à virevolter. Volo revient **toujours** sur son épaule. Ils sont devenus des amis.

Pourtant, un soir, Volo ne rentre pas...

un faucon

une aile

un fauconnier

La boîte à outils

bien – toujours – pourtant

1 **Coche** la bonne réponse.

Que découvre Arthur sous une salade ?

☐ Une souris. ☐ Un faucon. ☐ Un crapaud.

Comment est l'animal ?

☐ Il est affamé. ☐ Il a une aile cassée. ☐ Il va très bien.

Où le faucon apprend-il à virevolter ?

☐ Dans un parc. ☐ Dans un champ. ☐ Dans une forêt.

2 **Écris** les mots qui désignent le faucon dans le texte.

3 **Recopie** la phrase.

Arthur découvre un faucon sous une salade.

4 **Écris** deux phrases différentes avec un mot de chaque colonne.

Un camarade •		• de la nourriture.
Une plante •	• découvre •	• un nouveau livre.
Le renard •		• une ville d'Italie.

Compare avec tes camarades. Quel est le mot que vous n'avez pas utilisé ?

5 **Écris** une phrase avec le verbe : *découvre*.

6 **Observe** les noms suivants. **Recopie**-les sous la bonne image.

un faucon – des faucons – une salade – des salades

Que remarques-tu à la fin des noms au pluriel ? **Entoure** la lettre.

7 **Observe** et **continue** : une carotte ⟶ des carottes

un carré ⟶ *des* ……

une équipe ⟶ *des* ……

un ami ⟶ *des* ……

une école ⟶ *des* ……

8 **Écris** ce que tu vois.

Qu'est-ce qu'un château fort ?

1 Voici trois dessins de châteaux. **Coche** celui qui est un château fort. À quoi le **vois**-tu ?

2 **Place** les numéros.

1. le donjon
2. les remparts
3. le pont-levis
4. une tour
5. le fossé

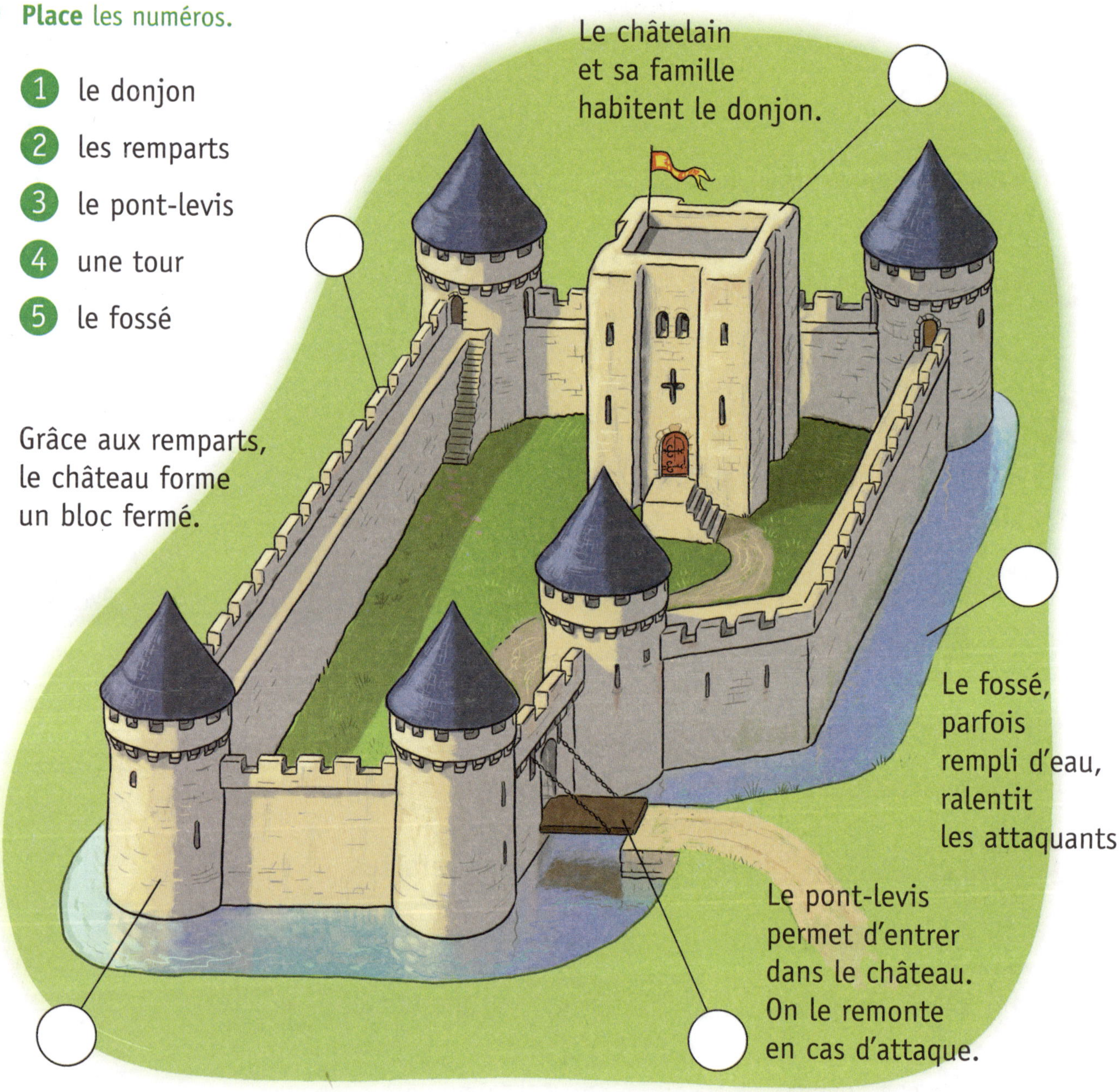

Un **château fort** est une puissante forteresse construite au Moyen Âge.

Un ______________ entoure les ______________ qui protègent

une grosse tour appelée ______________ .

Comment vivait-on dans un château fort ?

Observe ce document. Qui habite dans un château fort ?
Décris ce que font les personnages. Comment sont-ils habillés ? Quels rôles ont-ils dans le château ?

Dans le château fort, les **nobles** vivent dans le donjon.
Les paysans, les serviteurs et les gardes sont à leur service.

Épisode 3

Des sons et des lettres

è

Trouve dans l'image des mots où tu entends (è).

è È è È

une chèvre

ê Ê ê Ê

une fête

une chèvre   une fête

une mère   une tête

1 **Écoute** les mots. **Écris** oui si tu entends (è) et non si tu ne l'entends pas.

1	2	3	4	5	6	7	8

2 **Entoure** en rouge les dessins où tu entends (é) et en bleu ceux où tu entends (è).

3 **Entoure** toutes les écritures de la lettre è.

e é è a ê i é è è e è é

frère élève petit mère méchant mélèze lèvre il sème

4 **Écris** les mots dans la bonne colonne.

une flèche – une tête – une allée – une pêche – une lèvre – une épée

è	ê	é

è - ê

Observe et **lis.**

	è	**ê**
pè →	un **pè**re – une vi**pè**re – il re**pè**re	une **pê**che – il se dé**pê**che
mè →	une **mè**re – un re**mè**de – il a**mè**ne	le **mê**me – une **tê**te
chè →	une **chè**vre – **chè**re – il a**chè**te	un **chê**ne – une a**rê**te
rè →	une a**rè**ne – une si**rè**ne	il **rê**ve
lè →	une **lè**vre – il se **lè**ve	

- Arthur est en colère.
- Il entend un cri dans la volière.

Le mécano des lettres

mè – mé – me
sè – sé – se
lè – lé – le
pè – pé – pe
frè – prè – trè

5 **Entoure** tous les noms qui désignent une personne puis **écris**-les.

une cavalière	un élève	un lièvre
une vipère	une chèvre	une mère
un remède	un poète	une lèvre

6 **Entoure** l'intrus dans chaque colonne puis **écris**-le.

il enlève	mes	une mère
il répare	après	une tête
il pèle	derrière	un rêve

7 **Écris** les mots que tu peux reconstituer et précise le ou la devant chaque mot.

lè / chè / lé → vre

po → ète / lè / teau

8 **Écris** la dictée sur ton cahier du jour.

Arthur retrouve Volo

Lis le texte.

Les jours passent. Arthur est très triste.

Un jour de fête au château, tout le monde est occupé. Arthur entend un cri qu'il reconnaît. Il pousse la porte de la volière et découvre Volo attaché. Arthur est très en colère. Il délivre son ami mais le fauconnier arrive à **ce** moment-là et dit :
– Gardes, arrêtez **ce** voleur ! Il vole le faucon du roi !

Arthur court très vite dans tout le château.
Il arrive **devant** une porte fermée.
Mais la petite porte s'ouvre.
– Par ici, lui chuchote-t-**on**.

La boîte à outils

bien – toujours – pourtant – **ce** – **devant** – **on**

1 **Coche** la bonne réponse.

Que découvre Arthur dans la volière ?
☐ Un garde. ☐ Une porte fermée. ☐ Son ami Volo.

Que dit le fauconnier ?
☐ Gardes, arrêtez ce voleur ! Il vole les salades du roi !
☐ Gardes, arrêtez ce voleur ! Il vole le faucon du roi !

2 **Numérote** ces phrases dans le bon ordre de l'histoire. **Relie** le dessin à la bonne phrase.

☐ Arthur est très en colère.
☐ Arthur entend un cri.
☐ Arthur court très vite.
☐ Arthur découvre Volo.

3 **Complète** la phrase du texte.

Arthur délivre son ami mais ____________________

4 **Recopie** la phrase.

Arthur pousse la porte de la volière et découvre Volo.

5 **Entoure** le mot identique dans ces deux phrases.

Arthur ouvre une porte.

Le garçon porte les salades du roi.

A-t-il le même sens ? Quel est le nom, quel est le verbe ?

6 **Écris** deux phrases différentes avec les deux sens du mot porte.

7 **Dis** ce qui est pareil et ce qui change dans ces dessins.

8 **Dis** ce qui est pareil et ce qui change dans ces phrases.

Arthur court.

Le renard court.

Le voleur court.

Entoure les mots qui indiquent qui fait l'action. Peut-on les supprimer ? Pourquoi ?

9 **Observe** les dessins. Puis **complète** les phrases.

___ mange de la salade.

___ mange de la salade.

Comment cuisinait-on au Moyen Âge ?

Observe ces deux images. De quelle pièce s'agit-il ? Comment le sais-tu ?
Quelles sont les différences et les ressemblances entre les deux images ?

Aujourd'hui, grâce à l'électricité, les méthodes pour cuisiner ont beaucoup changé.

Pour cuire : la cheminée a été remplacée par le ____________

et la cuisinière. Pour conserver les aliments : la cave a été remplacée

par le ____________ .

Comment construire une maquette de château fort ?

Voici une fiche technique pour t'aider à construire une maquette de château fort.

Matériel : des 1/2 feuilles A4, 1 feuille A4 (donjon)

Outils : des ciseaux, une règle, du ruban adhésif, des feutres, un petit bâton (drapeau)

1. Les créneaux

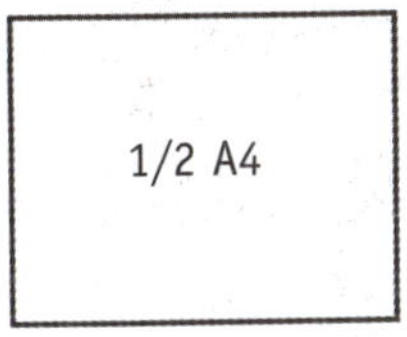

Découpe le haut de la feuille.

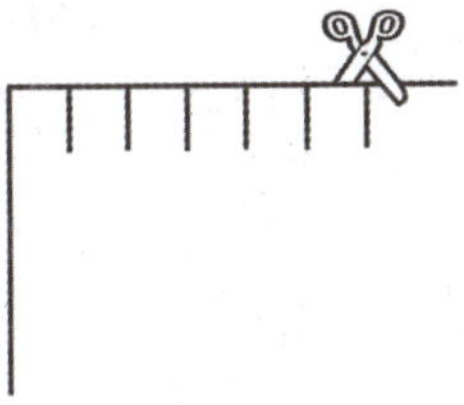

Coupe.

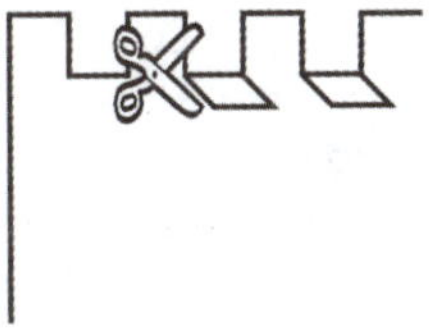

Plie et coupe.

2. Les remparts

Fais un pli en t'aidant de ta règle.
Pense à faire une porte dans un des remparts.

3. Les tours

- **Une tour ronde**

Roule la feuille et colle les deux côtés.

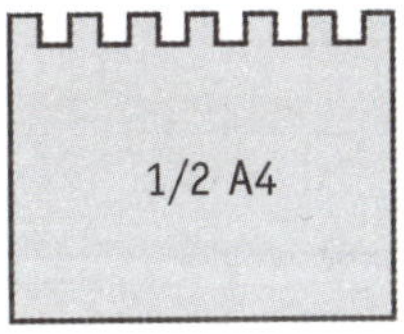

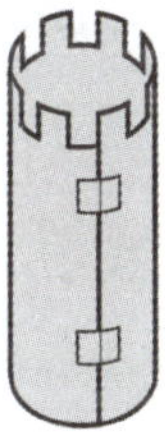

- **Une tour carrée**

Prends une tour ronde. Appuie dessus pour l'aplatir puis ouvre-la.
Recommence en plaçant les deux plis l'un sur l'autre.

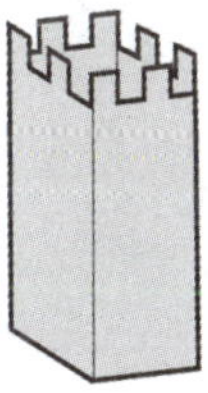

- **Le donjon**

C'est une tour ronde réalisée à partir d'une feuille A4.

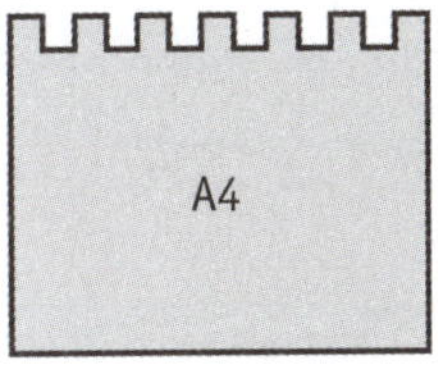

4. Le drapeau

Dessine un drapeau. Découpe-le.
Colle le drapeau sur le petit bâton. Puis colle-le sur un créneau.

5. Montage du château

Relie les remparts aux tours avec du ruban adhésif.

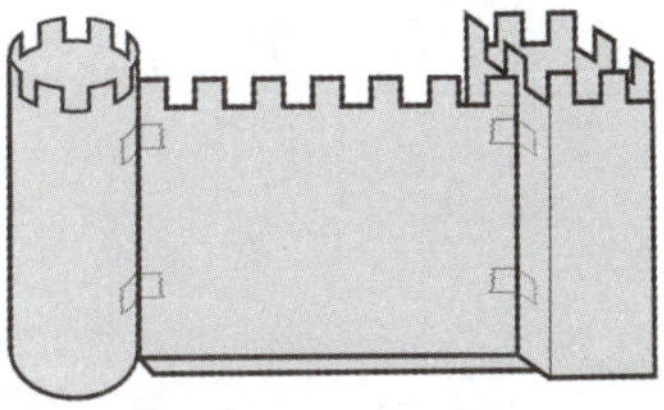

Épisode 4

Des sons et des lettres

è

ai — ai

du lait

du lait
une aile
il sait

ei — ei

une reine

une reine
de la peine

1 **Colorie** de la même couleur toutes les bulles qui se prononcent de la même façon.

pai — fai — tei — pè — pei — fei — tai — fê — pê — tè — fê — tê

2 **Complète** comme l'exemple : il lave ⟶ il lav**ait**

il coupe ⟶ il ______________ elle soupire ⟶ elle ______________

il passe ⟶ il ______________ elle marche ⟶ elle ______________

3 **Écris** les mots suivants dans la bonne colonne.

une colère – la laine – une reine – un rêve – une laitue – une peine

ai	è	ê	ei

4 **Retrouve** les mots et **écris**-les.

mai — se — ne

une ______________

ma — rrai — ne

une ______________

5 **Relie** le mot au bon dessin et **recopie**-le.

un père •
une paire •

• 

____

un maire •
une mère •

• 

____

ai
ei

Observe et **lis.**

ai			**ei**
aimer	une **ai**le	une **ai**de	une p**ei**ne
une p**ai**re	une sem**ai**ne	un m**ai**re	une hal**ei**ne
du l**ai**t	la l**ai**ne	un pal**ai**s	une r**ei**ne
une c**ai**sse	une pr**ai**rie	une cr**ai**e	une v**ei**ne
un m**aî**tre	une ch**aî**ne		elle est pl**ei**ne

- Volo est enchaîné dans la volière.
- Arthur a de la peine.

Le mécano des lettres

pai – prai   tai – trai
vai – vrai   dai – drai
rei – tei – fei

6 **Complète** les mots en utilisant les syllabes données.

lei   vai   rai

une a_____gnée

une ba_____ne

un _____sseau

7 **Entoure** d'une même couleur tous les mots de la même famille.

le lait – une caissière – un laitier – une caisse – encaisser –

une laitière – un caissier – une laiterie

8 **Entoure** les bons mots pour former une phrase.

Marie a (un chêne / une chaîne) en or.

Marlène a (un père / une paire) de chaussures.

9 **Écris** la dictée sur ton cahier du jour.

Caroline

Lis le texte.

Arthur est surpris. Il demande :

– Où suis-je ?

– Tu es dans mon atelier, tu ne risques plus **rien**, répond la petite fille devant lui.

– Comment t'appelles-tu ?

– Caroline. Et **toi**, comment t'appelles-tu ?

– Je m'appelle Arthur. Qui es-tu ?

– Je suis la fille du roi.

Arthur sursaute.

– Mais..., **alors**... tu es... vous êtes...

Arthur ne sait plus **quoi** dire. Caroline éclate de rire.

– Est-ce que tu as une idée pour sortir du château **sans** être attrapé ?

Arthur secoue la tête.

– **Moi**, j'en ai une..., dit Caroline.

La boîte à outils

bien – toujours – pourtant – ce – devant – on – **rien** – **toi** – **alors** – **quoi** – **sans** – **moi**

1 Qui parle ? **Relie** chaque phrase au bon personnage.

• Où suis-je ? •

• Tu ne risques plus rien. •

• Qui es-tu ? •

• Est-ce que tu as une idée pour sortir du château ? •

2 **Coche** les phrases qui sont vraies dans l'histoire.

- ☐ Arthur est surpris de se trouver dans un atelier.
- ☐ Arthur connaît très bien Caroline.
- ☐ Arthur ne sait plus quoi dire devant la fille du roi.
- ☐ Arthur sait comment sortir du château avec Volo.

3 **Complète** les phrases avec les mots : Qui, Où, Comment, Est-ce que.

.... t'appelles-tu ?

.... tu as une idée pour sortir du château ?

.... suis-je ?

.... es-tu ?

4 **Relie** chaque question à la réponse qui correspond.

Où suis-je ? •	• Je suis la fille du roi.
Qui es-tu ? •	• Je m'appelle Arthur.
Comment t'appelles-tu ? •	• Tu es dans mon atelier.

5 **Écris** les réponses aux questions. **Aide**-toi des images.

Que fait Arthur ?

Arthur ______________________

Où est Volo ?

Volo ______________________

6 **Écris** la question qui correspond à cette réponse.

____

C'est le roi qui rentre au château.

7 **Dis** ce qui est pareil et ce qui change dans ces dessins.

8 **Dis** ce qui est pareil et ce qui change dans ces phrases.
Entoure les mots qui indiquent « qu'est-ce qui » fait l'action. Peut-on les supprimer ? Pourquoi ?

Un ballon roule. Un vélo roule. Une auto roule.

9 **Entoure** « qui » ou « qu'est-ce qui » fait l'action dans ces phrases. Puis **dessine**.

L'autocar arrive. Le roi arrive.

Qu'est-ce qu'un plan ?

1 **Observe** le poster 1. **Fais** le plan du château sur une feuille puis **compare** avec tes camarades. Que **remarques**-tu ? Les dessins sont-ils tous pareils ?

2 Voici le château fort de Blandy-Les-Tours. **Décris** la photo.

3 À quoi correspondent ces deux images ? Que représentent-elles ?

Écris : *Maquette* ou *Plan* à côté de l'image correspondante.

________ du château de Blandy-Les-Tours.

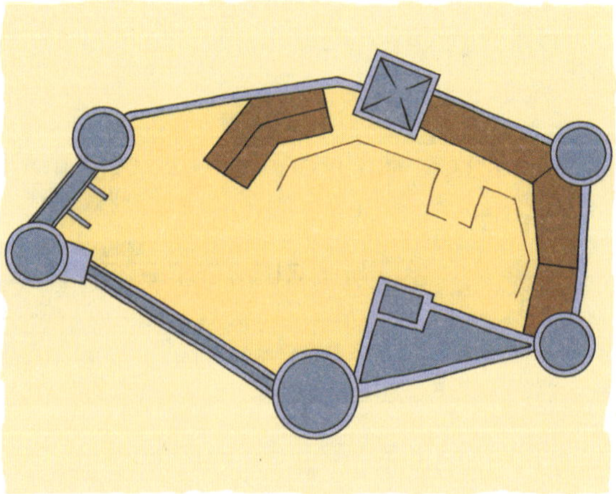

________ du château de Blandy-Les-Tours.

4 Tu as construit une maquette de château fort. **Trace** le plan de ce château.

5 **Numérote** les trois plans correspondant aux trois maquettes de château. Attention, il y a deux intrus !

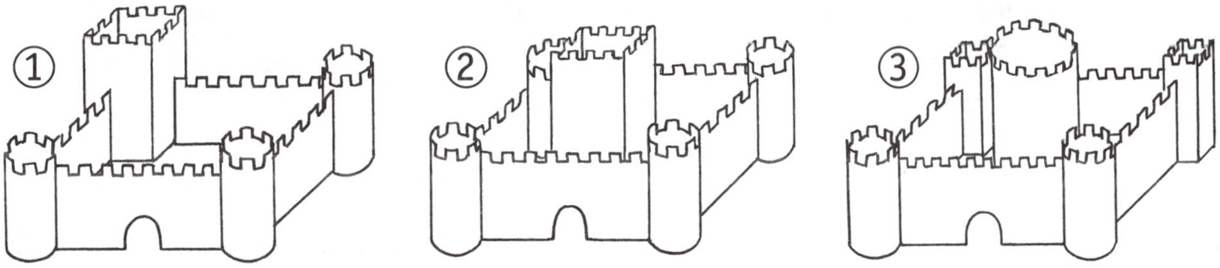

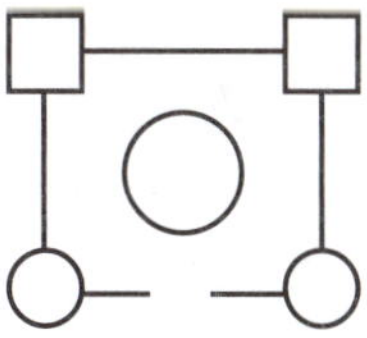

n° ______

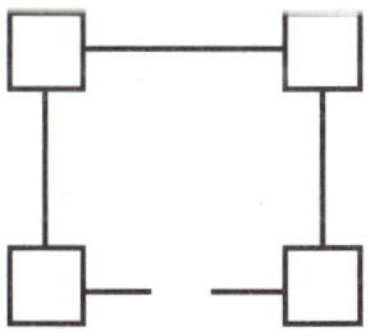

n° ______

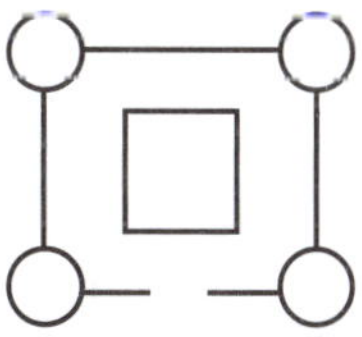

n° ______

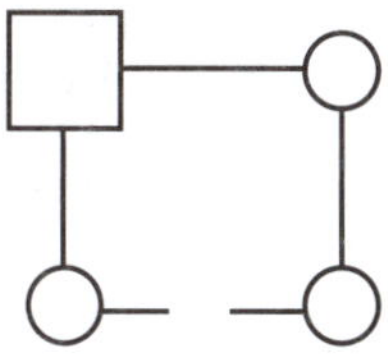

n° ______

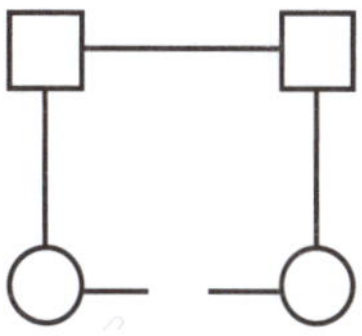

n° ______

Un ______________ est un dessin vu de dessus.

Des sons et des lettres

f

Trouve dans l'image des mots où tu entends (f).

f F f F F

un faucon

un faucon

un fil

un frère

⚠ une affiche

1 **Écoute** les mots. **Écris** oui si tu entends (f) et non si tu ne l'entends pas.

1	2	3	4	5	6	7	8

2 **Entoure** en rouge les dessins où tu entends (f) et en bleu ceux où tu entends (v).

3 **Entoure** toutes les écritures de la lettre f.

f n n f p F l t n t s t F p

ficelle table tape foulard affiche faute plafond

4 **Écris** f ou v.

une ___ile 

une ___aux 

une ___ille 

un ___eau 

f

Observe et **lis.**

fa ⟶ la **fa**rine – **fa**rouche – af**fa**mé – **fa**ner

fau ⟶ une **fau**te – un **fau**ve – un dé**faut** – se **fau**filer

fi ⟶ un dé**fi** – **fi**dèle – **fi**ler – **fi**nir – une af**fi**che

fou ⟶ la **fou**dre – une **fou**lure – il est **fou**

fr ⟶ une **fr**ite – un **fr**isson – **fr**apper – le **fr**ont

fl ⟶ une **fl**amme – **fl**atter – **fl**otter – un souf**fl**e

fai ⟶ **fai**re – dé**fai**re – re**fai**re

- Il y a une fête dans le château fortifié.
- Caroline fait sortir Arthur du château.

Le mécano des lettres

fu – vu	fou – vou
fra – ra	fri – ri
far – fa	fir – fi
flo – lo	flu – lu
fal – fa	fol – fo

5 **Recompose** les verbes et **écris**-les.

fra / pper ______

ler / en / fi ______

ter / pro / fi ______

6 **Complète** les mots avec *for*, *fro*, *fuir*, *frui*.

Il est en ______me. *Il ______tte la casserole.*

Il avale un ______t. *Il faut vite ______.*

7 **Complète** les phrases avec *vais* ou *fais*.

Je ______ un château en papier.

Je ______ dans l'atelier de Caroline.

8 **Écris** la dictée sur ton cahier du jour.

Ah ! Mon beau château

Des sons et des lettres

f  ph 

f F  *f F*

un faucon

ph  *ph*

un phare

Observe et **lis.**

phi ⟶ un sa**phi**r

pha ⟶ un **pha**re – un nénu**pha**r

pho ⟶ un **pho**que – un télé**pho**ne

phe ⟶ une or**phe**line

phan ⟶ un élé**phan**t

Le mécano des lettres

pha – phra phi – phir
pho – phro phe – phé

- Les phares sont souvent situés à l'entrée des ports.
- Il n'y avait pas de téléphone dans les châteaux forts.

1 **Colorie** de la même couleur toutes les bulles qui se prononcent de la même façon.

ti – pho – to – phar – par – fo – phi – far – fi

2 **Écris** les mots dans la bonne colonne.

un foulard – un phare – un uniforme – un nénuphar – un chiffre – un coffre

f	ph	ff

3 **Complète** les mots avec *ph* ou *h*. Puis **recopie**-les.

elle ___ *abite* ______ *un* ___ *are* ______

un télé ___ *one* ______ *un* ___ *omard* ______

un élé ___ *ant* ______ *un* ___ *omme* ______

4 **Écris** la dictée sur ton cahier du jour.

Arthur et son nouvel ami

1 **Lis** ces deux résumés. **Entoure** le numéro du bon résumé de l'histoire.

1. Arthur trouve un petit faucon avec une aile cassée sous une salade. Le garçon s'occupe bien de son ami Volo. Pourtant, un jour, Volo ne rentre pas. Arthur est très en colère, il ne s'occupera plus du faucon.

2. Arthur découvre un faucon sous une salade. Il a une aile cassée. Le garçon s'occupe bien du faucon Volo. Mais un jour Volo ne rentre pas. Plus tard, Arthur retrouve Volo enfermé dans une volière. Il libère son ami.

2 **Numérote** ces images dans l'ordre de l'histoire.

Choisis deux images. **Écris** deux phrases qui les expliquent. Images : ____ et ____

Qu'est-ce qui a changé depuis le Moyen Âge ?

Découpe les images de la fiche. **Colle**-les à côté de l'époque qui correspond.

Depuis que l'Homme existe, il invente, crée et transforme les endroits dans lesquels il vit.

Blanche-Neige

Des sons et des lettres on

Trouve dans l'image des mots où tu entends (on).

on on

un donjon

un donjon

un garçon

répondre

1 **Écoute** les mots. **Écris** oui si tu entends (on) et non si tu ne l'entends pas.

1	2	3	4	5	6	7	8

2 **Entoure** en rouge les dessins où tu entends (on) et en bleu ceux où tu entends (o).

3 **Entoure** toutes les écritures de on.

on ou nu un **ou** ON **ou** no on OU no on

monde note monter ronde bouder nourrir **donjon**

4 **Complète** les mots avec on ou ou.

un torch______ un hannet______ un ______rson

un m______cheron un pard______ un m______ton

5 **Écris** on ou eau.

un rat______  un chât______ 

un rât______  un chat______ 

on / om

Observe et **lis.**

ron ⟶ une **ron**de – ar**ron**dir – un mar**ron** – nous ado**rons**

mon ⟶ un **mon**de – **mon**ter – dé**mon**ter – re**mon**ter

son ⟶ un **son** – nous tou**ssons** – nous pou**ssons**

ton ⟶ du co**ton** – un mou**ton** – nous mon**tons**

pon ⟶ un **pon**t – une ré**pon**se – ré**pon**dre

don ⟶ un **don** – un lar**don** – un par**don**

chon ⟶ un tor**chon** – un co**chon** – nous mar**chons**

pom ⟶ une **pom**pe – un **pom**pier – un **pom**pon

trom ⟶ une **trom**pe – se **trom**per

- Les soldats font la ronde près du pont-levis.
- La reine est épouvantée par la réponse.
- Tout le monde a un prénom et un nom.

Le mécano des lettres

mon – mou
ton – tou
son – sou
don – dou
lon – lou
ron – rou

6 **Relie** les mots qui correspondent à on ou à om.
Puis **entoure** la lettre qui suit om.

se tromper •	on •	• répondre
monter •		• pomper
un pompon •	om •	• un melon

7 **Écris** le nom de ces petits d'animaux. Que remarques-tu ?

un ____________

un ____________

un ____________

8 **Complète** comme le modèle : il monte ⟶ nous mon**tons**

il saute ⟶ nous ____________ il roule ⟶ nous ____________

il parle ⟶ nous ____________ il pousse ⟶ nous ____________

9 **Écris** la dictée sur ton cahier du jour.

Blanche-Neige

Lis le texte.

Blanche-Neige fuit le château de son père et de sa belle-mère, la vilaine reine…

Blanche-Neige court vite **entre** les arbres, en trébuchant sur les ronces. Elle finit par se perdre dans la forêt profonde. À la tombée de la nuit, épuisée, Blanche-Neige s'endort dans une clairière.

À son réveil, tous les animaux de la forêt sont autour d'elle. Elle est si belle qu'ils sont attirés par elle et souhaitent lui parler.
Blanche-Neige leur raconte son aventure.
– Nous allons t'aider, disent-ils.

Les animaux lui montrent une petite maison où elle sera en sécurité. Elle frappe à la porte.
Pas de réponse…
Blanche-Neige entre, la maison est vide mais paraît habitée…

La boîte à outils

bien – toujours – pourtant – ce – devant – on – rien – toi – alors – quoi – sans – moi – **entre**

1 **Réponds** aux questions en écrivant une phrase.

Que fait Blanche-Neige à la tombée de la nuit ?

À qui Blanche-Neige raconte-t-elle son histoire ?

2 **Coche** la bonne réponse.

Où Blanche-Neige sera-t-elle en sécurité ?

☐ Dans une petite maison. ☐ Dans un arbre. ☐ Dans un trou.

3 **Relie** chaque phrase au bon personnage.

• Les animaux **lui** montrent une petite maison. •

• Blanche-Neige **leur** raconte son histoire. •

4 **Recopie** la phrase.

Blanche-Neige raconte son histoire aux animaux de la forêt.

5 **Écris** deux phrases différentes avec un mot de chaque colonne.

un renard •		• une histoire
un livre •	• raconte •	• ses vacances
un adulte •		• les aventures de Volo
un vélo •		

Compare avec tes camarades. Quels sont les mots que vous n'avez pas utilisés ?

6 **Écris** une phrase avec le verbe : *raconte*.

7 **Entoure** la lettre s quand tu la vois à la fin des mots. Puis **complète** avec *le*, *la* ou *les*.

______ savon	______ réponse	______ cartons
______ savons	______ réponses	______ carton

8 **Observe** et **continue** : *la fenêtre* → *les fenêtres*

la flèche → *les* ______

le chiffre → *les* ______

la semaine → *les* ______

9 **Écris** ce que tu vois.

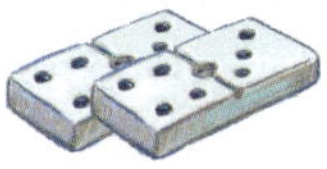

La perspective dans l'art

1 **Observe** cette image réalisée par un artiste du Moyen Âge.
Que **penses**-tu de la taille des personnages ?

2 **Observe** maintenant cette image. Qu'est-ce qui a changé dans la taille des personnages ?

Au Moyen Âge, les peintres ne savaient pas utiliser les règles de la perspective. Grâce à la perspective, ce qui est loin paraît petit et ce qui est près semble grand.

L'ordre alphabétique

1 Voici les 26 lettres de l'alphabet. **Entoure** en rouge les 6 voyelles.

a – b – c – d – e – f – g – h – i – j – k – l – m –

n – o – p – q – r – s – t – u – v – w – x – y – z

2 **Relie** les lettres dans l'ordre alphabétique.

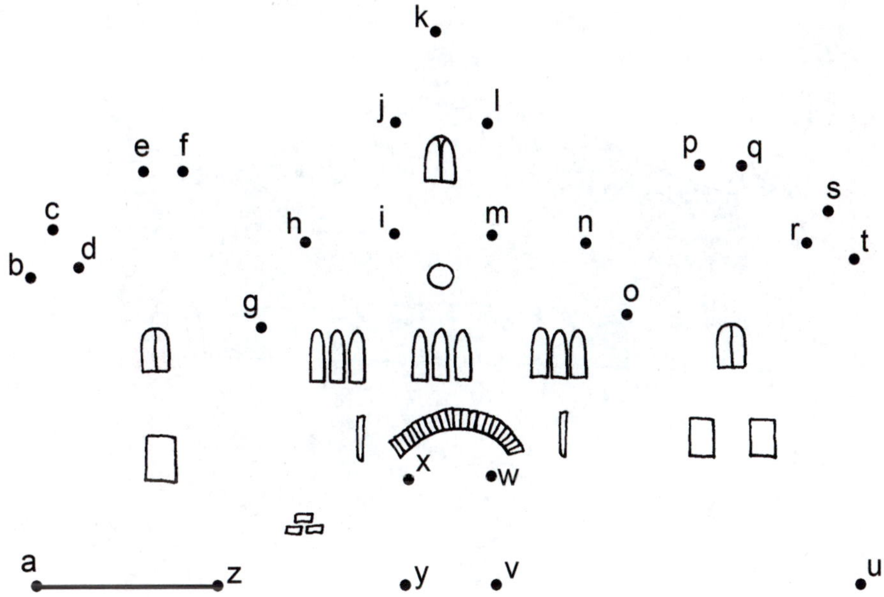

3 **Écris** les lettres qui manquent dans l'ordre alphabétique.

a					

u					

	m				

			f		

4 **Écris** la lettre qui vient juste avant et la lettre qui vient juste après.

___ c ___ ___ g ___ ___ r ___ ___ o ___

___ v ___ ___ k ___ ___ m ___ ___ i ___

5 **Recopie** ces lettres dans l'ordre alphabétique.

b – e – d – a – c ______________ o – l – n – k – m ______________

m – j – d – f ______________ u – x – r – p ______________

6 **Écris** la première lettre commune à tous ces mots.

domino – drap – dame ____ vélo – vitre – vache ____

rocher – rideau – radar ____ farine – fille – fourchette ____

À la découverte

La plante du bonheur

Écoute le premier épisode de l'histoire.

Petit Mulot

Grand-mère

La vache

Le renard

La chèvre

Le chamois

La marmotte

Tu liras aussi l'histoire de *Jacques et le haricot magique*.

de la nature

Des plantes et des paysages

Regarde cette image. **Décris** ce que tu vois.

Des sons et des lettres (S)

Trouve dans l'image des mots où tu entends (s).

s — s

un sapin

un sapin
une tasse
un citron
un garçon

.ss. — .ss.

une tasse

c — e, i, y

un citron

⚠ une opération
une solution

ç — a, o, u

un garçon

1 **Lis** les mots. **Entoure** en rouge la lettre qui suit c dans chaque mot.

avancer — une racine — un tricycle

Écris ces lettres. ☐ ☐ ☐

2 **Complète** les mots avec ç ou c et **entoure** la lettre qui suit ç.

une chan___e — une fa___ade — un gar___on — il est dé___u — dé___ider

3 **Écris** chaque mot dans la bonne colonne.

une leçon – un ourson – le cinéma – un ruisseau

s	ss	c	ç

Observe et **lis.**

ce → un pouc**e** – une puc**e** – la polic**e** – la chanc**e** – le silenc**e**

cer → commen**cer** – avan**cer** – pla**cer** – lan**cer** – fon**cer**

ceau → un mor**ceau** – un souri**ceau**

ci → de la **ci**re – un **ci**tron – le **ci**néma – du **ci**ment – féli**ci**ter – i**ci**

ça, çan → une fa**ça**de – **ça** va – en pla**çan**t – en avan**çan**t

çon → une le**çon** – un ma**çon** – nous avan**çon**s

çu → un re**çu** – il est dé**çu**

- À ce moment-là, une vache passe.
- – Tu as de la chance d'habiter à côté de ce champ, dit Petit Mulot en avançant.

Le mécano des lettres

ace – oce – uce
aci – acé
acu – aca
cata – coto
aça

4 **Recompose** les mots et **écris**-les.

ceau mor — ce len si — né ci ma — de fa ça

5 **Entoure** d'une même couleur tous les mots d'une même famille.

un citron – cent – un citronnier – une centaine – une citronnade – placer – un centenaire – nous plaçons – un placement

6 **Écris** comme le modèle : **Il** avan**ce** à petits pas. → **Nous** avan**çons** à petits pas.

Il commence un livre. Nous ………… un livre.

Il lance les dés. Nous ………… les dés.

Il remplace une vitre. Nous ………… une vitre.

7 **Écris** la dictée sur ton cahier du jour.

Épisode 2

Le départ

Lis le texte.

Grand-mère me demande :

– Connais-tu la plante du bonheur, Petit Mulot ?

– Non.

– On raconte, dit Grand-mère, que la plante du bonheur se trouve de l'autre côté de la rivière, **au bout** de la prairie.

Aussitôt, je décide de rapporter la plante du bonheur. Le temps de préparer **mes** affaires et de quitter la maison, je franchis la rivière puis la prairie.

Je découvre alors ma récompense : un champ de fleurs jaunes, la plante du bonheur, sans **aucun** doute ! Mais une vache passe à ce moment-là et me dit :

– Ce n'est pas la plante du bonheur. La plante que tu cherches se trouve sûrement de l'autre côté des collines.

La boîte à outils

au bout – mes – aucun

1 **Réponds** aux questions.

Après les paroles de Grand-mère, que décide de faire Petit Mulot ?

Il décide de ______________________________

Quelle récompense découvre Petit Mulot ?

Sa récompense est ______________________________

2 **Écris** ce que dit la vache à Petit Mulot.

____

____

____

3 **Relie** le début et la fin de ces phrases.

Je quitte •	• un champ de fleurs jaunes.
Je franchis •	• la maison.
Je découvre •	• la rivière.

4 **Sépare** les mots. Puis **réécris** la phrase.

Jepréparemesaffaires.

5 **Relie** chaque phrase au bon dessin.

- Je quitte la maison.
- Nous quittons la maison.

6 **Écris** une phrase avec *Je*. Puis **réécris** la phrase avec *Nous*.

Je ______________________________

Nous ______________________________

7 **Dis** ce qui est pareil et ce qui change dans ces dessins.

8 **Dis** ce qui est pareil et ce qui change dans ces phrases.

a. L'enfant regarde.
b. L'enfant regarde une fourmi.
c. L'enfant regarde la lune.
d. L'enfant regarde une fleur.

Entoure les mots qui donnent des précisions dans les phrases.

9 **Lis** ces deux phrases. **Entoure** ce qui change. Puis **dessine**.

Le renard attrape une poule.

Le renard attrape un lièvre.

Qu'est-ce qu'une graine ?

Les pépins et les noyaux sont-ils des graines ?

1 **Observe** ces différentes illustrations. **Dessine** la graine de haricot.

l'avocat

le pamplemousse

le haricot

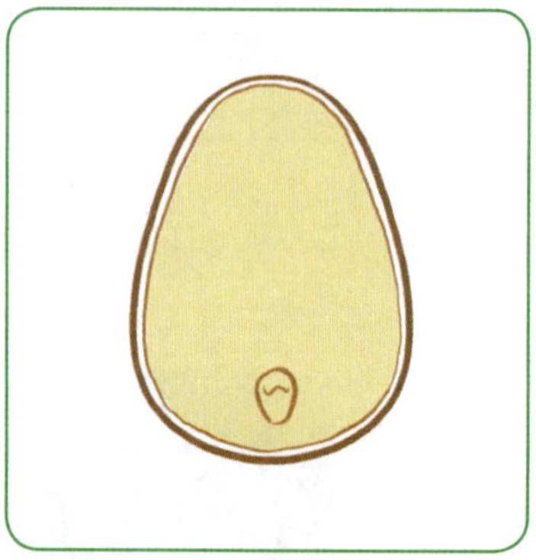

le noyau d'avocat coupé

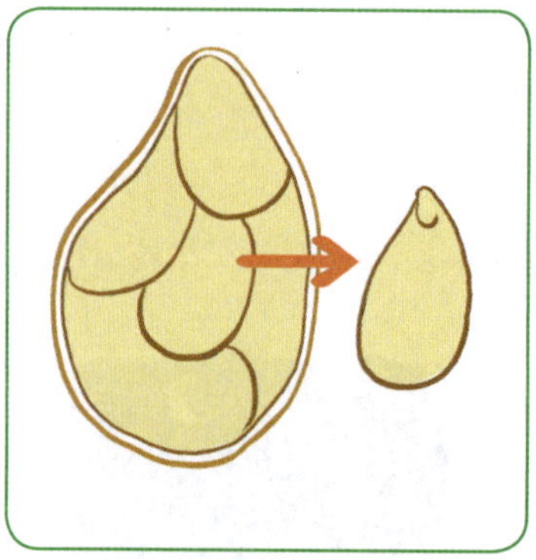

Le pépin de pamplemousse contient plusieurs graines.

la graine de haricot

2 **Observe** la photo de la graine de haricot.

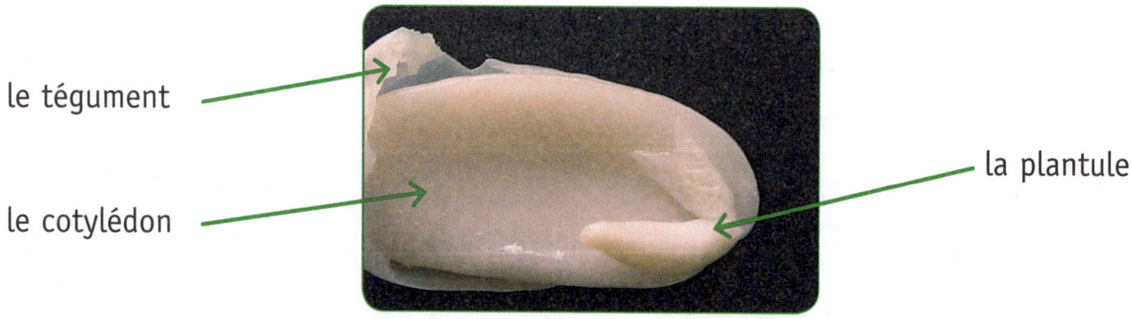

Toutes les graines ont :

– une enveloppe dure, le ______________, qui les recouvre ;

– des réserves nutritives : les ______________ ;

– à l'intérieur, une ______________.

Donc les noyaux et les pépins sont des graines.

Plantes sauvages ou plantes cultivées ?

Décris ces quatre images. **Sais**-tu ce qui est à l'état sauvage et ce qui est cultivé ?
Écris les numéros qui correspondent aux trois sortes de fleurs de l'histoire de Petit Mulot.

☐ des tournesols ☐ de la lavande ☐ des edelweiss

Au printemps, de nombreuses espèces de fleurs éclosent.

Certaines fleurs résistent aux températures basses de l'automne et de l'hiver.

Quand le relief le permet (plaines ou collines), on ______________ certaines fleurs (photos ☐ et ☐) dans des ______________ pour les récolter.

Épisode 3

Des sons et des lettres

b

Trouve dans l'image des mots où tu entends (b).

b B ℓ ℬ B

un biberon

un **b**i**b**eron
une **b**ête
du **b**lé
⚠ du plom**b**

1 **Écoute** les mots. **Écris** oui si tu entends (b) et non si tu ne l'entends pas.

1	2	3	4	5	6	7	8

2 **Entoure** en rouge les dessins où tu entends (b) et en bleu ceux où tu entends (p).

3 **Entoure** en rouge tous les b et en vert tous les d.

b d b p b d d q b d q d b d b

4 **Écris** chaque mot dans la bonne colonne.

une banane – une plante – la brume – habiter – repartir – prairie

p		b	

5 **Complète** avec p ou b.

une ___oule 

une ___oule 

il ___êche 

il ___êche 

b

Observe et **lis.**

ba ⟶ un **ba**teau – un **ba**llon – une **ba**nane – un **ba**lai

bou ⟶ une **bou**le – un **bou**cher – un hi**bou** – un **bou**ton

bi ⟶ un ha**bi**t – un **bi**beron – un **bi**don

bu ⟶ une **bu**lle – un **bû**cheron

bo ⟶ un lava**bo** – une **bo**bine

bé ⟶ un **bébé** – un **bé**ret

ban ⟶ une **ban**de – un ru**ban**

bl ⟶ un ta**bl**eau – du **bl**é – un carta**bl**e

br ⟶ une **br**osse – un **br**uit – un ar**br**e – un **br**as

- – Alors, on se balade, Petit Mulot ? ricane le renard.
- – Cette fleur bleue n'est pas la plante du bonheur, dit Dame Chèvre.

Le mécano des lettres

bra – bar　bro – bor
blo – bol　bli – bil
brou – bour
pri – bri – dri
pla – bla – dra

6 **Complète** les mots avec *p* ou *b* ou avec *pl* ou *bl*.

Une ___ête rousse l'em___êche de ___asser.

La ___ante est toute ___eue.

7 **Écris** les mots qui correspondent aux dessins.

________　________　________　________

8 **Choisis** les bons mots et **réécris** les phrases.

L'ouvrier a fait / une dalle / une balle / de béton.

Papa est sous sa / douche. / bouche.

____

____

9 **Écris** la dictée sur ton cahier du jour.

Dans la vallée

Lis le texte.

Je réfléchis : comment revenir sans la plante du bonheur ? Que dirait Grand-mère ? Je repars **donc**. Tout à coup, une énorme bête rousse m'empêche d'avancer. C'est le renard ! Il est menaçant… À ce moment-là, la Bonne Vache arrive et fait fuir l'animal. Je remercie ma bonne amie et je poursuis ma route. Je n'ai qu'une idée en tête : franchir les collines.

Bientôt, je découvre ma récompense dans la vallée : un champ rempli de plantes bleues odorantes, la plante du bonheur, sans aucun doute. Une chèvre me regarde et me dit :
– Ce n'est pas la plante du bonheur. Ces fleurs bleues sont des lavandes. La plante que tu cherches se trouve sûrement dans la montagne.

La boîte à outils

au bout – mes – aucun – **donc** – **bientôt**

1 **Coche** les questions que se pose Petit Mulot.

- ☐ Comment revenir sans la plante du bonheur ?
- ☐ Comment retourner à la maison ?
- ☐ Que ferait Grand-mère ?
- ☐ Que dirait Grand-mère ?

2 **Réponds** aux questions.

Qui empêche Petit Mulot d'avancer ?

C'est ____________________

Qui aide Petit Mulot ?

C'est ____________________

Qui parle à Petit Mulot devant les fleurs bleues ?

C'est ____________________

3 **Écris** les mots qui désignent le renard dans le texte.

____

____

4 **Sépare** les mots. Puis **réécris** la phrase.

PetitMulotdécouvreuneplantebleue.

5 **Relie** chaque phrase au bon dessin.

- Mon frère plante un arbre.
- Ma grand-mère achète une plante.

Entoure le mot identique dans ces deux phrases.
A-t-il le même sens ? **Entoure** le nom en bleu. **Entoure** le verbe en rouge.

6 **Écris** deux phrases différentes avec les deux sens du mot plante.

7 **Écris** *le*, *la*, *les* ou *l'* devant chaque dessin.

8 **Complète** avec *un*, *une* ou *des*. Puis avec : *le*, *la*, *les* ou *l'*.

écriture

enfants

plantes

aventure

citron

balade

9 **Sépare** les deux mots. Puis **écris**-les.

lanimal *lestables*

lelavabo *lesacrobates*

La nature a-t-elle besoin d'eau ?

Observe et **décris** ces différents paysages.

un **désert** aux États-Unis

un **bocage** en France

Le **bocage** est une région de prés et de champs entourés de haies.

une **rizière** en Inde

La **rizière** est un champ où l'on cultive le riz.

une **oasis** au Niger

L'**oasis** est un endroit du désert où il y a de l'eau et de la végétation.

Les êtres vivants (plantes, animaux et êtres humains) ont besoin

______________ pour ______________.

Certaines régions de la Terre sont humides, d'autres sont sèches.
La vie dans les régions sèches est plus difficile (photos ☐ et ☐).

D'où vient l'eau douce ?

1 **Écris** ce que représente chaque photo : un torrent – un fleuve – une source – un ruisseau – une rivière

1 ______

2 ______

3 ______

4 ______

5 ______

2 Sur le schéma, **écris** les numéros qui correspondent aux photos.

Du haut des montagnes jusqu'à la mer, l'eau traverse nos paysages.

L'eau fait un très long voyage : d'abord ______, puis torrent, ______ et ______.

Elle est précieuse, il ne faut pas la gaspiller.

Épisode 4

Des sons et des lettres

on. an.

Observe et **lis.**

on
une montre – pondre – monter
un oncle – un bouton

om
une pompe – se tromper

an
une chance – un manteau
une antilope – un écran

am
une lampe – ramper
une ampoule – une chambre

⚠ on.
un téléphone
un poney

om.
une promenade
un domino

an.
un canapé
un animal

am.
une caméra
une rame

⚠ onn.
une couronne
une sonnerie

omm.
un homme
comme

ann.
une panne
un anneau

amm.
une flamme
un mammifère

- Comme Petit Mulot est content de retrouver sa grand-mère !
- La vache fait résonner ses sabots sur le sol.

Le mécano des lettres

ona – ono – onto
onne ome – omi
ane – ani – anti
anne – anni – anno
ami – amu ampu

1 **Écris** les syllabes dans les bonnes cases. Puis **colorie** les deux lettres a et n qui se suivent.

animal | ricaner | demander | planter

2 **Écris** les syllabes dans les bonnes cases. Puis **colorie** les deux lettres o et n qui se suivent.

raconter | téléphoner | remonter | poney

3 **Sépare** par un trait les syllabes de chaque mot.

harmonica canari samedi confiturier chanter ramper

La lettre c

k – s

C

Observe et **lis.**

c → a ai au an / o ou on / u / r / l

c → e er en / i / y

ca → le **ca**lendrier – un **ca**nard
co → une **co**lline – **co**mme
cou → il **cou**rt – il é**cou**te
cu → une **cu**lotte – au**cu**ne
cr → une é**cr**iture – **cr**oquer
cl → un **cl**imat – une **cl**é

ce → le silen**ce** – la chan**ce**
ci → un **ci**tron – il dé**ci**de
cy → un **cy**cliste – un tri**cy**cle
cen → **cen**t – le **cen**tre
ceau → un mor**ceau**

Le mécano des lettres

can – cen – cau – ceau
cir – car
cla – cro

- Petit Mulot court. Il va sur la colline.
- Il se rafraîchit à la source du torrent.

4 **Entoure** la lettre qui suit c dans les mots. Puis **écris** ces mots dans la bonne colonne.

une colline – ricaner – un cycle – une racine – un cube – douce – cent

J'entends k	J'entends s
______ ______	______ ______
______ ______	______ ______

5 **Complète** avec *c* ou *s*.

__a grand-mère __ourit à Petit Mulot.
On ra__onte que la plante est
de l'autre __ôté de la rivière.

6 **Écris** la dictée sur ton cahier du jour.

Sur la montagne

Lis le texte.

J'escalade les pentes de la montagne. En haut, je découvre ma récompense : une fleur toute blanche, la plante du bonheur, sans aucun doute.

Je me penche pour la ramasser **quand** un chamois me dit :
– Il ne faut pas prendre **cette** fleur.
– Mais alors, où se trouve la plante du bonheur ?
– Passe de l'autre côté de la montagne, tu la trouveras sûrement.

Sans plus attendre, je repars. Sur un lac gelé, je glisse et… Oh là là ! Je tombe dans un trou… et j'arrive tout **contre** une fourrure chaude.

Sage Marmotte me demande :
– Qu'est-ce qui t'amène par ici ?
Elle écoute mes aventures et me dit :
– Rentre chez toi, raconte **tes** aventures à ta grand-mère et alors tu découvriras la plante du bonheur.

La boîte à outils

au bout – mes – aucun – donc – bientôt – **quand** – **cette** – **contre** – **tes**

1 **Réponds** aux questions.

Que découvre Petit Mulot en haut de la montagne ?

Il ______________________________

Qui rencontre-t-il dans le trou où il tombe ?

Il ______________________________

2 **Relie** chaque phrase au personnage qui la prononce.

- Qu'est-ce qui t'amène par ici ?
- Mais alors, où se trouve la plante du bonheur ?
- Rentre chez toi, raconte tes aventures à ta grand-mère.

3 **Relis** les lignes 4 à 7 du texte. **Écris** ce que remplace **la** dans chaque phrase.

Je me penche pour **la** ramasser. ______________________

Tu **la** trouveras sûrement. ______________________

4 **Relie** chaque phrase au bon dessin.

Il raconte ses aventures. •

Petit Mulot rentre chez lui. •

Petit Mulot découvre
la plante du bonheur. •

• 

• 

• 

5 **Recopie** ces phrases dans l'ordre de l'histoire.

____

____

____

6 **Observe** les dessins. **Complète** les phrases.

Une dame achète ______________.

Une dame achète ______________.

7 **Complète** les phrases avec les bons mots.

Le chat attrape •
Mamie prépare •
Le garçon lance •

• le repas.
• le ballon.
• la souris.

8 **Lis** les phrases. **Entoure** ce que brosse Julie. Puis **dessine**.

Julie brosse ses cheveux.

Julie brosse son cheval.

L'art dans la nature : le land art

Observe ces œuvres. Quels sont les matériaux utilisés par les artistes ?
Comment ont-ils réalisé ces œuvres ?

Le **land art** est l'art de créer des œuvres avec des matériaux naturels, en pleine nature.

Les quatre éléments

L'air c'est rafraîchissant
le feu c'est dévorant
la Terre c'est tournant
l'eau – c'est tout différent.

L'air c'est toujours du vent
le feu c'est toujours bougeant
la Terre c'est toujours vivant
l'eau – c'est tout différent.

L'air c'est toujours changeant
le feu c'est toujours mangeant
la Terre c'est toujours germant
l'eau – c'est tout différent.

Et combien davantage encore ces drôles d'hommes
espèces de vivants
qui ne se croient jamais dans leur vrai élément.

Claude Roy,
Enfantasques,

Pour la liberté

Laissez chanter
l'eau qui chante.
Laissez courir
l'eau qui court.
Laissez vivre
l'eau qui vit
l'eau qui bondit
l'eau qui jaillit.
Laissez dormir
l'eau qui dort.
Laissez mourir
l'eau qui meurt.

Philippe Soupault,
Poèmes et poésies,

Des sons et des lettres z

Trouve dans l'image des mots où tu entends (z).

•s• •s•

une rose

z Z **0** z Z Z

zéro

une rose

zéro

⚠ du riz – des années

1 **Écoute** les mots. **Écris** oui si tu entends (z) et non si tu ne l'entends pas.

1	2	3	4	5	6	7	8

2 **Entoure** en rouge les dessins où tu entends (z) et en bleu ceux où tu entends (s).

3 **Écris** les mots dans la bonne colonne.

une cousine – une salade – une maison – une casserole – un costume – une musique

J'entends (z)	J'entends (s)

4 **Complète** les mots avec s ou ss.

un rui__eau un chau__on une mai__on

pa__er hé__iter

S – Z

Observe et **lis.**

s	z
un vase – une base – se raser – une case	un lézard – un bazar – bizarre
une chemise – une visite – une prison	l'horizon – le gazon
une chaise – une fraise – une maison	un zéro – un zèbre
une rose – une chose – oser – poser	un zoo – une zone
une usine – une fusée – la musique	onze – douze – treize
résister – résoudre	une dizaine – une douzaine

- Le vase est posé sur la table.
- Le zèbre est dans le zoo.

⚠ des‿amis
les‿ours
mes‿enfants

5 **Lis** les mots. **Entoure** en rouge la lettre qui précède et celle qui suit s.

une fraise – une tisane – la musique – la rosée – un blouson – une mésange

6 **Écris** les mots qui correspondent aux dessins.

7 **Complète** les phrases avec le mot qui convient : *cassé* ou *casé* et *désert* ou *dessert*.

Lucie a ______ le vase en le laissant tomber.

Marine a ______ tous ses livres dans la bibliothèque.

Le cuisinier a préparé un bon ______.

Dans le ______, il n'y a pas d'eau.

8 **Écris** la dictée sur ton cahier du jour.

La plante du bonheur

1 **Lis** ces deux résumés. **Entoure** le numéro du bon résumé de l'histoire.

1. Petit Mulot part à la recherche de la plante du bonheur. Il franchit tour à tour une rivière, une montagne, un lac gelé. Il découvre toujours une plante différente mais jamais la plante du bonheur. Petit Mulot comprend que la plante du bonheur se trouve chez sa grand-mère quand il lui raconte ses aventures.

2. Petit Mulot cherche la plante du bonheur pour sa grand-mère. Il franchit une prairie, une montagne, un lac gelé et il rencontre des animaux féroces. Petit Mulot découvre toujours la même plante et jamais la plante du bonheur. Il retourne chez sa grand-mère et lui raconte ses aventures.

2 **Numérote** ces images dans l'ordre de l'histoire.

Choisis deux images. **Écris** deux phrases qui les expliquent. Images : ____ et ____

La lettre s

(s) (z)

s – ss

Observe et **lis.**

s *s*  un sapin	.ss. .ss.  une tasse	•s• •s•  une rose

s	ss	s
une **s**ardine – un **s**oldat	un fri**ss**on – un bui**ss**on	un bi**s**on – une ru**s**e
du **s**ucre – **s**ouvent	une ba**ss**ine – la cha**ss**e	une vali**s**e – une cho**s**e
une chan**s**on – une dan**s**e	une cai**ss**e – une lai**ss**e	un va**s**e – une phra**s**e
une po**s**te – une ca**s**cade	de**ss**iner – pou**ss**er	cui**s**iner – écra**s**er
sauver – **s**alir – **s**auter		dépo**s**er – révi**s**er

1 **Écris** les mots dans la bonne colonne.

pousser – friser – caresser – poser – embrasser – raser – hésiter – passer

J'entends (s)	J'entends (z)
______ ______	______ ______
______ ______	______ ______

2 **Complète** les mots avec *s* ou *ss*.

une surpri__e une vi__ite une ta__e une chai__e

3 **Complète** les phrases avec :

basse ou *base* : *La table ______ est très jolie.*

Asie ou *assis* : *Je suis ______ sur un tabouret.*

casse ou *case* : *Coche la bonne ______.*

4 **Écris** les mots qui correspondent aux dessins.

______

______

______

Des sons et des lettres

j

Trouve dans l'image des mots où tu entends (j).

j J j J J

jaune

g G g G G

une girafe

⚠ un pigeon
un plongeon
il nageait

1 **Écoute** les mots. **Écris** oui si tu entends (j) et non si tu ne l'entends pas.

1	2	3	4	5	6	7	8

2 **Entoure** en rouge les dessins où tu entends (j) et en bleu ceux où tu entends (ch).

3 **Entoure** la lettre qui suit la lettre j et **écris**-la.

jamais ___ journée ___ jupon ___ jeudi ___

Entoure la lettre qui suit la lettre g et **écris**-la.

magique ___ argent ___ germer ___ girouette ___

4 **Relie** le mot au bon dessin.

un chou •
une joue •

• 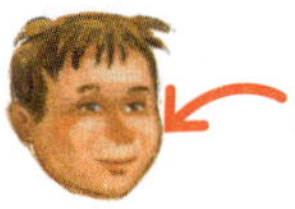

des gens •
des champs •

• 

Observe et **lis.**

j

jamais – le **jar**dinier – **jau**ne – **jau**nir – une **jam**be – la **ja**lousie
le **jour** – une **jour**née – le **jour**nal – bon**jour** – au**jour**d'hui
la **ju**pe – le **ju**do – la ma**jus**cule – une **ju**ment – des **ju**melles
le **je**ton – **je**ter – re**je**ter

g

un **ge**nou – **ge**ler – des **gen**s – un **gen**darme – bou**ger** – **ger**mer
une ca**ge** – un nua**ge** – une ti**ge** – le coura**ge** – il ran**ge** – il man**ge**
la ma**gie** – une **gi**fle – une **gi**rouette – une bou**gie** – c'est ma**gi**que

⚠ ge – a : il na**gea** – il man**geai**t – il plon**geai**t
ge – o : le ca**geo**t – le bour**geon** – nous na**geons**

- Jacques a jeté le haricot par la fenêtre.
- C'est un haricot magique.

5 **Écris** le mot sous l'image en t'aidant des syllabes.

be – gi – jour – ju – fe – nal – ra – pe – jam

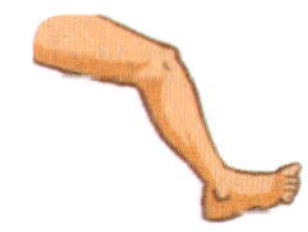

6 **Continue** comme le modèle : je nage ⟶ nous nageons

je mange ⟶ .... je plonge ⟶ ....

je range ⟶ .... je ronge ⟶ ....

7 **Continue** comme le modèle : laver ⟶ un lavage

arroser ⟶ .... mouler ⟶ ....

brosser ⟶ .... monter ⟶ ....

8 **Écris** la dictée sur ton cahier du jour.

Jacques et le haricot magique

Lis le texte.

Jacques et sa maman n'ont plus rien à manger sauf un haricot…

Jacques se lève et regarde par la fenêtre. Le haricot magique a poussé, il est devenu une plante immense. Jacques décide d'escalader le tronc du haricot.

Arrivé en haut, il se dirige vers un château. Il espère trouver à manger. Une dame géante lui ouvre la porte. Il demande de la nourriture. La femme a pitié de Jacques, elle lui donne à manger. Mais c'est la maison de l'ogre…

Quand l'ogre arrive, Jacques se cache vite. L'ogre est énorme et dit tout de suite :
– Hum ! **Ça** sent la chair fraîche !
Sa femme lui répond :
– Mais non, je t'ai préparé un bon repas, viens le goûter sans tarder.
Après son copieux repas, l'ogre compte ses pièces d'or et s'endort. Jacques en profite pour prendre un sac de pièces et s'évader…

La boîte à outils

au bout – mes – aucun – donc – bientôt – quand – cette – contre – tes – **ça**

1 **Réponds** aux questions.

Que décide de faire Jacques ?

Jacques ……………………………………………

Qui lui ouvre la porte ?

C'est ……………………………………………

Que prend Jacques avant de partir ?

Jacques ……………………………………………

2 **Écris** qui est **lui** dans chaque phrase.

Une dame géante **lui** ouvre la porte. (ligne 7) ……………………

Elle **lui** donne à manger. (ligne 9) ……………………

Sa femme **lui** répond. (ligne 14) ……………………

3 **Sépare** les mots. Puis **écris** la phrase.

Leharicotmagiqueestdevenuuneplanteimmense.

____

4 **Complète** les phrases avec les mots suivants : *géante, copieux, magique.*

Jacques regarde le haricot ______________ par la fenêtre.

Une dame ______________ lui ouvre la porte.

Après son ______________ repas, l'ogre compte ses pièces et s'endort.

5 **Écris** deux phrases avec les mots suivants : *une plante immense, un copieux repas.*

____

____

6 **Dis** ce qui est pareil et ce qui change dans ces dessins.

7 **Entoure** les mots qui précisent comment est le vélo dans les groupes de mots.

un vélo

un petit vélo

un vélo rouge

un petit vélo vert

Quelles informations ont-ils apportées ?

8 **Lis** les deux groupes de mots. **Entoure** le mot qui change. Puis **dessine**.

une petite valise

une valise rouge

D'où viennent les graines de haricot ?

Observe les photos ci-dessous. **Recopie** sous les bonnes photos :
haricot – graine – jeune plant.

plant en fleurs

____

____

la germination de la graine

____

Les ____________ de haricot sont contenues dans la **gousse** (fruit) du haricot vert.
Lorsque les graines tombent sur le sol, elles ____________ et donnent une nouvelle plante. C'est le **cycle de vie** du haricot.

Comment récolter de beaux haricots ?

1 **Observe** ce paquet de graines. **Lis** les textes, puis **réponds** aux questions.

Choix du sol : Sol léger.
Exposé au soleil.

Semis : Fin avril à juillet.
Température du sol : 10 °C.
Levée des graines en 5 à 8 jours.
Semer 1 graine tous les 5 cm ou 3 graines dans un gobelet.

Culture : Arroser régulièrement.

Récolte : De juillet à septembre.
Ramasser les haricots tous les 5 à 7 jours.

2 **Coche** les bonnes réponses.

Où doit-on planter les graines ?

☐ À l'ombre. ☐ Au soleil.

Quelle doit être la température du sol ?

☐ – 10 °C ☐ 0 °C ☐ + 10 °C

Quelle est la durée de la levée des graines ?

☐ Environ un jour. ☐ Environ un mois. ☐ Environ une semaine.

Si tu sèmes fin avril, quand récolteras-tu des haricots ?

☐ En avril. ☐ En juillet. ☐ En octobre.

Lorsque le jardinier sème en avril, il récolte les haricots au mois de juillet.
Après avoir semé les graines et ______________ régulièrement, il faut compter ☐ mois pour récolter des haricots verts.

Drôles de

Panique dans les ruches

Écoute le premier épisode de l'histoire.

Kimamila

Alorie

Manu

Petitou

Papi Robert

Lila

Tu liras aussi l'histoire *Pourquoi le lièvre saute quand il se déplace ?*

petites bêtes !

Les insectes et l'air

Regarde cette image. **Décris** ce que tu vois.

Des sons et des lettres è

Trouve dans l'image des mots où tu entends (è).

e.. e..

une brouette

et et

un paquet

⚠ une femme

ê Ê ê Ê

une fête

è È è È

une chèvre

ai ai

du lait

ei ei

une reine

1 **Écoute** les mots. **Écris** oui si tu entends (è) et non si tu ne l'entends pas.

1	2	3	4	5	6	7	8

2 **Entoure** en rouge les dessins où tu entends (è) et en bleu ceux où tu entends (é).

3 **Entoure** en rouge les deux lettres qui suivent le e qui s'entend (è).

ferme	merci	lunettes	insecticide	caresse
mallette	citerne	veste	recette	perte

4 **Écris** les mots dans la bonne colonne.

un insecte – l'air – le miel – un carnet – la veille – une centaine – la vitesse

e	ai	et	ei

e•• – et

Observe et **lis.**

e••

une pe**ll**e – la vaisse**ll**e
une broue**tt**e – une fourche**tt**e
un e**ff**ort – e**ff**acer
une care**ss**e – une adre**ss**e
une ante**nn**e – une be**nn**e
la te**rr**e – une se**rr**e

pr**es**que – un **es**quimau
un **es**calier – une **es**calade
une **es**pèce – un **es**pace
une n**er**vure – én**er**ver
une p**er**te – une al**er**te
une l**ec**ture – un sp**ec**tacle

e•

un f**er** – la m**er**
du s**el** – un hôt**el**
un tunn**el** – un app**el**

et

un paqu**et** – un secr**et** – un bracel**et**
un fil**et** – un robin**et** – un tabour**et**
un chal**et** – un perroqu**et** – un poul**et**

- Le vent fait tourner l'éolienne et cela produit de l'électricité.
- – Dans cette citerne, il y a de l'insecticide, dit Robert.

5 **Continue** comme le modèle : une bou**le** → une bou**lette**.

une poule → une ______ une table → une ______
une cloche → une ______ une chaîne → une ______

6 **Complète** les mots par *et* ou *ette*, puis **classe**-les. Que **remarques**-tu ?

un chal______ *une chauss______* *un perroqu______*
une chou______ *un tabour______* *une raqu______*

-et	-ette
______	______
______	______
______	______

7 **Complète** ces phrases avec le mot qui convient.

Pierre a bu de l'eau dans un ______.

Le ______ de terre est tout lisse.

un ver de terre

un verre

8 **Écris** la dictée sur ton cahier du jour.

Épisode 2

Une mauvaise surprise

Lis le texte.

Manu et Alorie passent leurs vacances chez Papi Robert. Un après-midi, ils décident de rendre visite aux abeilles avec Petitou. Tout à coup, le chien saute en l'air et il recrache une guêpe géante. – Ne la touchez pas ! leur crie Papi Robert. Une piqûre de guêpe est très douloureuse.

Dans le pré, une mauvaise surprise les attend. Toutes les abeilles ont disparu, **même** la reine. **Autour** des ruches vides, Manu découvre des abeilles et des guêpes géantes mortes. Il les observe de près.
– On dirait qu'il y a eu un combat entre les guêpes et les abeilles, dit le garçon.

Le jour suivant, Manu se lève avec une idée en tête : retrouver les abeilles.
– Je ne vais pas y arriver tout seul, murmure Manu.
– Ça tombe bien, lui répond une petite voix, je viens juste d'arriver pour t'aider.
– Kimamila !

La boîte à outils

même – autour

1 **Réponds** aux questions.

Que font Papi Robert, Manu et Alorie un après-midi ?

Que recrache Petitou ?

Quelle surprise les attend dans le pré ?

2 **Numérote** ces phrases dans l'ordre de l'histoire.

- ☐ – Je viens juste d'arriver pour t'aider.
- ☐ Manu se lève avec une idée en tête.
- ☐ – Je ne vais pas y arriver tout seul.

3 **Indique** toutes les liaisons par ‿. Puis **relis** le texte à haute voix.

Dans le pré, une mauvaise surprise les attend. Toutes les abeilles ont disparu, même la reine. Autour des ruches vides, Manu découvre des abeilles et des guêpes géantes mortes. Il les observe de près.

4 **Écris** chaque phrase à côté du bon dessin.

Le maître lui donne un livre. Le maître leur donne un livre.

5 **Écris** qui est **leur** et qui est **lui** dans l'histoire.

… **leur** crie Papi Robert.

… **lui** répond une petite voix.

6 **Recopie** cette phrase en remplaçant les mots en gras par lui.

Maman prépare un biberon pour **son bébé**.

7 **Relie** les phrases avec les bons dessins.

Des élèves écoutent.

Un chien saute.

Un élève écoute.

Des chiens sautent.

8 **Entoure** ce qui change à la fin des verbes.

Un élève écoute.

Des élèves écoutent.

Un chien saute.

Des chiens sautent.

9 **Observe** les dessins. Puis **complète** le verbe.

Des filles dans____ .

Une fille dans____ .

Des robots march____ .

Qu'est-ce qu'un insecte ?

1 **Observe** ces images. Qu'ont en commun ces animaux ?

2 **Identifie** leurs pattes et leurs antennes sur les photos.

Les insectes sont des animaux dont le corps est composé de trois parties :

- la tête qui porte les ______________ ;
- le thorax auquel s'attachent 6 ______________ ;
- l'abdomen.

Tous les ______________ ne volent pas forcément.

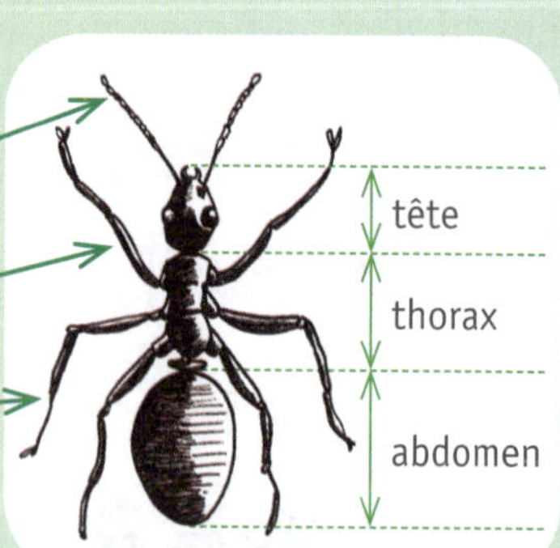

Comment fonctionne une ruche ?

1 **Lis** ces documents.

Les habitants de la ruche

Les abeilles sont des insectes sociaux, c'est-à-dire qu'elles vivent ensemble. Une ruche est composée d'une **reine** et de cinquante mille **abeilles ouvrières**. Seule la reine pond des œufs, jusqu'à 2 000 œufs par jour ! Les ouvrières ont des rôles différents : nourricières des larves, gardiennes, ménagères, ventileuses de la ruche, butineuses et receveuses.

De la fleur au miel

Les abeilles butineuses récoltent le **nectar** (liquide sucré qui se trouve dans les fleurs) et le rapportent à la ruche. Les abeilles receveuses se passent de bouche en bouche ce liquide sucré qui, avec la salive, se transforme progressivement en **miel**.

Le miel est déposé dans les **alvéoles** qui composent les **rayons** de la ruche. Les **larves** pondues par la reine sont nourries avec ce miel. En hiver, le miel sert également de nourriture à toutes les abeilles de la ruche.

2 **Écris** ce que tu as appris.

Épisode 3

Des sons et des lettres

g

Trouve dans l'image des mots où tu entends (g).

g — a, o, u, l, r

un gâteau

gu — i, e

une guêpe

un gâteau
une guêpe

⚠ longtemps un étang

1 **Écoute** les mots. **Écris** oui si tu entends (g) et non si tu ne l'entends pas.

1	2	3	4	5	6	7	8

2 **Entoure** en rouge les dessins où tu entends (g) et en bleu ceux où tu entends (k).

3 **Entoure** en rouge la lettre qui suit gu et en bleu celle qui suit g.

guidon bagarre gomme guêpe gauche virgule

4 **Entoure** la lettre qui suit g ou gu puis **écris** les mots dans la bonne colonne.

un groupe – une glace – une gomme – une figue – une cigale – une guirlande – une virgule

g	gu
On écrit g devant ☐☐☐☐☐.	On écrit gu devant ☐☐.

Observe et lis.

ga gu go gr gl

un **ga**zon – **ga**loper – du nou**ga**t
un **ga**rde – re**ga**rder – un **ga**rage
une vir**gu**le – une fi**gu**re
une **gou**tte – une **gou**rde
une **go**mme – un **go**belet
un **gr**oupe – une **gr**ue – un ti**gr**e
glisser – une rè**gl**e – un ai**gl**e

gue gui

une ba**gue** – une bla**gue**
une fati**gue** – une va**gue**
une **guê**pe – une **gue**non
un **gui**chet – une **gui**tare

⚠ un lé**gu**me
une fi**gu**re
une vir**gu**le

- Le monstre a six longues pattes. Le garçon se sauve vite.
- Le véhicule pénètre dans une longue galerie.
- – Regardez ! s'écrie Alorie, une autre guêpe arrive…

5. **Écris** le mot qui correspond au dessin.

  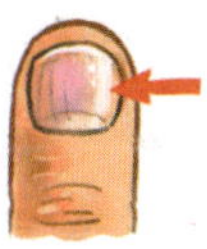 

une ____________ un ____________ un ____________ une ____________

6. **Recompose** les mots et **écris**-les.

(u t a e r g i) (u g l m é e) (o g m r u n a e d)

une ____________ un ____________ elle est ____________

7. **Complète** les phrases avec les mots :

gare ou *car*, *classe* ou *glace*, *ongle* ou *oncle*.

J'ai pris le ____________ pour aller à la ____________.

En ____________, on ne mange pas de ____________.

Mon ____________ a mal à l'____________ de son pouce.

8. **Écris** la dictée sur ton cahier du jour.

Épisode 3 L'attaque des guêpes géantes

Lis le texte.

Kimamila est venu dans un véhicule magique : quand on entre dedans, on devient minuscule. L'après-midi, Manu, Alorie et Lila, leur voisine, partent avec Kimamila à la recherche des abeilles dans sa belle machine.

Alorie aperçoit une abeille.
– Suivons-la ! propose Manu. Elle nous conduira **peut-être** à la reine.
La machine suit la petite abeille. **Soudain**, une guêpe géante arrive. Elle attaque l'abeille ! Avec sa machine, Kimamila fonce sur la guêpe pour protéger l'abeille. Mais la guêpe géante se retourne et elle attaque le véhicule avec son dard gigantesque.

D'autres guêpes arrivent. Kimamila décide de prendre la fuite. Il accélère. De plus en plus nombreuses, les guêpes poursuivent nos amis. Tout à coup, le moteur s'arrête. Le véhicule est en panne. Les guêpes restent longtemps **au-dessus** d'**eux** puis elles disparaissent **enfin**. Tout le monde peut sortir de la machine.
– Il faut rentrer à pied, dit Manu.
– Mais je ne sais pas du tout où nous sommes…, murmure Kimamila.

La boîte à outils

même – autour – **peut-être** – **soudain** – **au-dessus** – **eux** – **enfin**

1 **Écris** vrai ou faux.

Kimamila est venu avec une soucoupe volante. ____________

Une guêpe géante attaque une abeille. ____________

Kimamila fonce avec sa machine sur la guêpe. ____________

Les guêpes géantes poursuivent Petitou. ____________

2 **Réponds** aux questions.

Qu'est-ce qui tombe en panne ? ____________________________

Quand nos amis peuvent-ils sortir de la machine ?

____

3 **Relis** les lignes 17 à 19. **Écris** qui est **je** et qui est **nous** dans l'histoire.

– Mais **je** ne sais pas du tout où **nous** sommes…

[______________] [____________________________]

4 **Sépare** les mots. Puis **réécris** la phrase.

LesguêpesattaquentlamachinedeKimamila.

5 **Relie** chaque phrase au bon dessin.

Les soldats préparent une attaque. •

Le chien attaque le voleur. •

Entoure le mot identique dans ces deux phrases.
Entoure le nom en bleu. **Entoure** le verbe en rouge.

6 **Écris** deux phrases différentes avec le nom et le verbe : attaque.

7 Qu'est-ce qui est pareil dans ces dessins ? Qu'est-ce qui change ?

8 Qu'est-ce qui est pareil dans ces phrases ? Qu'est-ce qui change ?
Repère les mots qui changent de place. **Entoure**-les de la même couleur.

L'enfant regarde la Lune.

La Lune regarde l'enfant.

9 **Repère** les mots qui changent de place. Puis **dessine**.

Le chien poursuit le chat.

Le chat poursuit le chien.

Comment les insectes se reproduisent ?

1 Quelles sont les étapes d'un cycle de vie ? **Observe** ces photos du cycle de vie de la sauterelle.

Quand la sauterelle grandit, elle mue.

une sauterelle adulte

La sauterelle a pondu ses œufs dans la feuille.

une jeune sauterelle

Chez les insectes, l'adulte femelle pond des ____________.

De l'œuf, sort une ____________. Cette larve se métamorphose progressivement et devient un insecte adulte.

2 **Observe** ces photos du cycle de vie du papillon.

une chenille tissant son cocon

un papillon adulte

les œufs et l'éclosion des larves

une chenille

Il y a **métamorphose** complète lorsque l'adulte ne ressemble pas au petit.

Ici le papillon ne ressemble pas à la ______________________ .

Parfois les larves ne ressemblent pas à leurs parents, comme pour le papillon et l'abeille.

Épisode 4

Des sons et des lettres

in

Trouve dans l'image des mots où tu entends (in).

⚠ lundi – un
chacun – aucun

in *in*  *un lapin*	ain *ain*  *un train*	ein *ein*  *une peinture*

1 **Écoute** les mots. **Écris** oui si tu entends (in) et non si tu ne l'entends pas.

1	2	3	4	5	6	7	8

2 **Entoure** en rouge les dessins où tu entends (in). **Entoure** en bleu ceux où tu entends (è).

 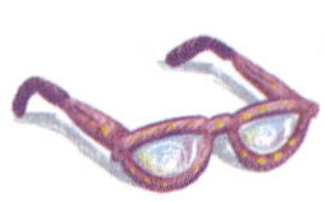   

3 **Entoure** en rouge les lettres qui correspondent au son (in).

matin cinquante châtain frein vilain

4 **Écris** les mots dans la bonne colonne.

le matin – un peintre – un insecte – un refrain – un lutin – le lendemain

in	ain	ein

5 **Entoure** tous les in dans les mots.

une niche un marin un animal un cintre c'est pénible

Observe et **lis.**

in

un p**in**ceau – un pép**in**

un pouss**in** – un couss**in**

un mat**in** – un pat**in**

un mar**in** – r**in**cer – un br**in**

un moul**in** – du l**in**ge – il est mal**in**

ain

une m**ain** – un poul**ain**

un b**ain** – un cop**ain**

dem**ain** – m**ain**tenant

im

une t**im**bale – un t**im**bre

un **im**perméable – une **im**primerie

important – **im**possible

ein

un fr**ein** – une t**ein**te

un p**ein**tre – une p**ein**ture

une c**ein**ture – ét**ein**dre

aim

il a f**aim**

- Kimamila déplie des pinces cachées dans la coque du véhicule.
- Maintenant, vous devez m'indiquer le prochain train.
- Martin a planté des brins de mimosa dans le jardin près du chemin.

6 **Relie** chaque mot au bon dessin.

un poussin • une main • un timbre • un sapin • un train

7 **Aide-toi** de ces phrases pour écrire le mot qui correspond à l'image.

Le __________ est trop cuit.

Le __________ reste vert toute l'année.

pin

pain

8 **Relie** les mots contraires. **Entoure** la partie ajoutée.

poli •	• incomplet
complet •	• invisible
capable •	• incapable
visible •	• impoli

9 **Écris** la dictée sur ton cahier du jour.

Le retour des abeilles

Lis le texte.

Au matin du troisième jour, Kimamila demande à Manu de le suivre.
– Alorie et Lila ne viennent pas avec nous ? s'inquiète Manu.
– Non, elles ont déjà un travail important à faire.

Bientôt Kimamila et Manu retrouvent le véhicule. Le soleil a rechargé la batterie et ils peuvent repartir.
– Nous allons capturer la reine des guêpes, **puis** nous l'emmènerons loin dans la forêt, explique Kimamila.
Le véhicule arrive à l'entrée du nid. Il pénètre dans une longue galerie. Kimamila déplie des pinces et il attrape la reine sans la blesser. **Puis** le véhicule ressort et il file vers la forêt. Toutes les guêpes le suivent. Kimamila dépose la reine dans la forêt, loin des ruches. Ici, les guêpes pourront refaire leur nid.

Enfin, les deux amis retournent dans le pré des ruches. Ils découvrent alors un beau spectacle. Alorie, Lila et tous les enfants du village ont planté des centaines de fleurs autour des ruches. **Déjà**, les premières abeilles reviennent pour le bonheur de tous !

La boîte à outils

même – autour – peut-être – soudain – au-dessus – eux – enfin – **puis** – **déjà**

1 **Réponds** aux questions.

Qu'est-ce que Kimamila et Manu vont faire dans le nid des guêpes ?

Où déposent-ils la reine des guêpes ?

Que découvrent-ils à leur retour ?

2 **Indique** toutes les liaisons par ‿. Puis **relis** le texte à haute voix.

Les deux amis retournent dans le pré des ruches. Ils admirent alors un beau spectacle. Alorie, Lila et tous les enfants du village ont planté des centaines de fleurs autour des ruches. Déjà, les premières abeilles reviennent pour le bonheur de tous !

3 **Écris** le numéro de l'image qui correspond à la phrase.

Le garçon le regarde. ______

La fille la regarde. ______

Le garçon la regarde. ______

La fille le regarde. ______

4 **Écris** qui est **la** dans l'histoire. **Écris** qui est **le**.

Nous **la** transporterons dans la forêt. → ______

Kimamila demande à Manu de **le** suivre. → ______

5 **Réécris** ces phrases en remplaçant les mots en gras par le ou la.

Mon père mange **une tarte**.

______

Mon père mange **un gâteau**.

______

6 **Dessine** ce que dit chaque phrase.

Une graine germe.

Des graines germent.

7 **Entoure** ce qui change à la fin des verbes.

L'élève plante une graine.

Les élèves plantent une graine.

8 **Complète** chaque phrase avec le verbe et sa bonne terminaison.

L'élève dessine. → Les élèves ______.

La tortue avance doucement. → Les tortues ______.

La moto roule vite. → Les motos ______.

Les transports changent-ils dans le temps ?

Écris le numéro de chaque moyen de transport dans la bonne case, sur cette frise du temps.

Les moyens de transport **évoluent** : ils permettent d'aller de plus en plus ______________.

L'Homme cherche toujours à progresser.

Qu'est-ce qui change autour de nous ?

Ces trois images racontent la transformation d'un quartier.
Numérote-les dans l'ordre de cette transformation.

Les ______________, les villages, les quartiers changent autour de nous.
Leur ______________ est la marque du temps qui passe.
Comparer des photos d'hier et d'aujourd'hui permet de comprendre notre histoire.

La lettre g

g – j  g 

Observe et **lis.**

g → a, o, u, l, r  un gâteau

gu → i, e  une guêpe

g G  g G une girafe

ga go gu gr gl
une **ga**lette
une **go**mme
un lé**gu**me
un **gr**oupe
une rè**gl**e

gui gue
une **gui**tare
une ba**gue**
une va**gue**
une **gue**ule

gi ge
la ma**gi**e
c'est fra**gi**le
une ima**ge**
un dan**ge**r

⚠ gea
une oran**gea**de
⚠ geo
un pi**geo**n

- Il faut se débarrasser des guêpes géantes.
- Le dard de ces guêpes est gigantesque.

1 **Entoure** la lettre qui suit g dans ces mots. Puis **écris** ces mots dans la bonne colonne.

agiter – bouger – langue – grimace – regarder – goutte – orage – virgule

J'entends (g)	J'entends (j)

2 **Écris** les mots qui correspondent aux dessins.

Des sons et des lettres

in• – en•
im• – em•

Observe et **lis.**

in	in•	en	en•
un jardin	un jardinier	vendre	venir
un voisin	une voisine	une fente	une fenêtre
im	im•	em	em•
un imperméable	une rime	remplir	remercier
un timbre	il est timide	remplacer	remarquer
ain	ain•	**J'entends** an	**Je n'entends pas** an
se plaindre	une plaine	un chargement	ils chargent
c'est certain	une centaine	un embarquement	ils embarquent
		proprement	ils portent
im	imm•	doucement	ils doutent
c'est important	c'est immense		
c'est imbuvable	il est immobile		

- Le matin, ma voisine donne à manger à ses lapins.
- Kimamila ne connaît pas le chemin pour rentrer.

3 **Écris** les syllabes dans les bonnes cases. Puis **colorie** les deux lettres e et n qui se suivent.

ralentir venir vendeur amener mentir

4 **Écris** les syllabes dans les bonnes cases. Puis **colorie** les lettres ei et n qui se suivent.

freiner ceinturon teinturier peignoir baleineau

5 **Recopie** ensemble les mots de la même famille.

un grain – un frein – un freinage – un jardin – un grainetier – freiner – un jardinier – une graine – le jardinage

Les papillons

De toutes les belles choses
Qui vous manquent en hiver
Qu'aimez-vous mieux ?
– Moi, les roses ;
– Moi, l'aspect d'un beau pré vert ;
– Moi, la moisson blondissante,
Chevelure des sillons ;
– Moi, le rossignol qui chante ;
– Et moi, les beaux papillons !

Le papillon, fleur sans tige
Qui voltige,
Que l'on cueille en réseau ;
Dans la nature infinie,
Harmonie
Entre la plante et l'oiseau !

Odelettes, Gérard de Nerval.

Bourdons bleus, abeilles blondes

À l'abbaye des abeilles
Chacune a son p'tit panier.
Sitôt qu'elles se réveillent
S'en vont faire le marché.

À la maison des bourdons
Chacun a son p'tit violon.
Sitôt finie la leçon
S'en vont chanter leur chanson.

Les abeilles font du miel,
Les bourdons jouent de la vielle.
Il y a de tout au monde :
Bourdons bleus, abeilles blondes.

Claude Roy, *Farandoles et Fariboles*,
Enfance en poésie,

La lettre

Lis cette lettre.

École Doisneau
8 rue des Sablons
45280 Boisjoli

Cher Monsieur,

Notre école est à côté de chez vous.
Nous venons de lire une histoire qui parle des abeilles.
Avec notre maîtresse, nous souhaitons venir vous voir pour découvrir vos ruches.
Nous avons beaucoup de questions à vous poser sur la vie de la reine et la fabrication du miel.
Pouvez-vous nous recevoir un après-midi de la semaine ?
Merci pour votre réponse.

Les élèves de la classe de CP

1 **Réponds** aux questions.

Qui a écrit cette lettre ? ____________________

À qui est adressée la lettre ? ____________________

Comment s'appelle l'apiculteur ? ____________________

2 **Écris** qui est **nous** et qui est **vous** dans la lettre.

Nous venons de lire une histoire qui parle des abeilles.

→ ____________________

Pouvez-**vous** nous recevoir un après-midi de la semaine ?

→ ____________________

Panique dans les ruches

1 **Lis** ces deux résumés. **Entoure** le numéro du bon résumé de l'histoire.
Soulignе ce qui ne correspond pas à l'histoire.

1. Manu comprend que des guêpes géantes ont attaqué les ruches de Papi Robert. Les abeilles ont toutes disparu. Kimamila arrive avec un véhicule magique et il propose d'aider Manu. Ensemble, ils déplacent le nid des guêpes dans une autre vallée et ils plantent des centaines de fleurs autour des guêpes. Est-ce que les abeilles vont revenir dans les ruches de Papi Robert ?

2. Les abeilles ont disparu des ruches de Papi Robert. Manu découvre que des guêpes géantes ont attaqué les ruches. Kimamila arrive pour aider Manu à retrouver les abeilles. Après beaucoup d'aventures, Kimamila décide, avec Manu, de déplacer le nid des guêpes loin dans la forêt. À leur retour, ils découvrent des centaines de fleurs autour des ruches. Les premières abeilles arrivent.

2 **Numérote** ces images dans l'ordre de l'histoire.

Choisis trois images. **Écris** trois phrases qui les expliquent. Images

Comment faire pour voir l'air ?

Quelles sont les situations qui permettent de voir l'air ? Que perçoit-on de l'air ?

Observe ces dessins. Comment sais-tu que le vent souffle ?
Indique par une flèche dans quel sens souffle le vent sur certains dessins.

On peut observer la direction du vent grâce aux mouvements des arbres, ou encore grâce aux girouettes.
On sent aussi le vent sur la peau.
Le vent est un courant d'air.

L'air est invisible. Dans la nature, l'air en mouvement s'appelle ____________.

Pourquoi le lièvre saute quand il se déplace ?

Des sons et des lettres

oi
oin

Trouve dans l'image des mots où tu entends oi et oin.

oi	*oi*

*un **oiseau***

oin	*oin*

un point

1 **Entoure** en rouge les dessins où tu entends oi et en bleu ceux où tu entends oin.

    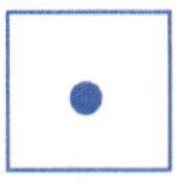

2 **Relie** oi ou oin aux dessins.

   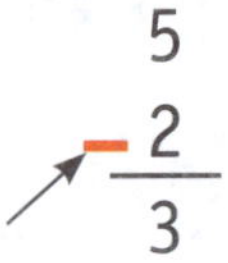

oi	oin

3 **Écris** les mots dans la bonne colonne.

une histoire – un moineau – une pointure – un besoin – une coiffure – du foin

oi	oin

4 **Entoure** en rouge ce qui se dit oi et en bleu ce qui se dit oin.

moi – loin – un toit – une poire – du foin – une voile – moins – la loi – un coin

oi – oin

Observe et **lis.**

oi

un **oi**seau – un r**oi** – un tir**oir**
une hist**oi**re – une ét**oi**le – une t**oi**ture
b**oi**re – une b**oi**sson – une b**oî**te
de la s**oi**e – un s**oi**r – une s**oi**rée – bons**oir**
un v**oi**sin – une v**oi**ture – une v**oi**le
un p**oi**sson – un p**oi**son – une p**oi**re
une m**oi**sson – un m**oi**s – un m**oi**neau
une n**oi**x – n**oi**r – une n**oi**sette

oin

c'est l**oin** – le l**oin**tain
un p**oin**t – une p**oin**ture
un s**oin** – un c**oin**
un bes**oin** – un tém**oin**
du f**oin** – m**oin**s – p**oin**tu

- Les poireaux et les petits pois poussent dans le potager.
- Le voisin nettoie sa voiture sur le trottoir.
- Dans l'histoire, l'éléphant est le roi des animaux.

5 **Complète** chaque phrase avec le mot qui convient : *mois* ou *moins*, *soie* ou *soin*.

Au ______ de mars commence le printemps.
Il fait ______ froid aujourd'hui.
Prends ______ de ta robe en ______.

6 **Écris** le mot qui correspond à l'image.

 ______  ______  ______

7 **Continue** comme le modèle : baver ⟶ un bavoir

arroser ⟶ un ______
égoutter ⟶ un ______
fermer ⟶ un ______
tirer ⟶ un ______
sécher ⟶ un ______
laver ⟶ un ______

8 **Écris** la dictée sur ton cahier du jour.

Pourquoi le lièvre saute quand il se déplace ?

Lis le texte.

C'était il y a très ***longtemps****… l'éléphant était alors le roi des animaux.*

Un jour, le roi proposa d'abandonner la chasse. Pour se nourrir, chaque animal devait donc avoir son champ et le cultiver. Mais il fallait avoir un champ à sa taille… n'est-ce pas ? Et pour cela, chacun devait mesurer son champ en comptant dix pas.

Cependant, le lièvre n'avait pas envie d'avoir un petit champ. Quand arriva son tour, au lieu de marcher normalement, que fit-il ?… Il sauta ! Un pas… **encore** plus loin ! Deux pas… et, à dix pas, le lièvre avait un champ aussi grand que celui de l'éléphant.

Les animaux de petite taille sont alors venus lui dire :
– Mais dis donc, Lièvre, c'est **comme** ça que tu marches ?
– Ouiii… C'est comme ça que je marche !
– Prends ton champ ! Mais attention, Lièvre ! Le jour où on te verra marcher d'une autre façon, on te coupera les oreilles.
Et c'est depuis ce jour que le lièvre saute quand il se déplace.

La boîte à outils

même – autour – peut-être – soudain – au-dessus – eux – enfin – puis – déjà – **longtemps** – **cependant** – **encore** – **comme**

1 **Réponds** aux questions.

Que décide de faire le lièvre pour avoir un grand champ ?

Quel est l'animal rusé de cette histoire ?

2 **Relie** le début et la fin de chaque phrase de l'histoire.

Le roi proposa •	• avoir un champ à sa taille.
Il fallait •	• que le lièvre saute quand il se déplace.
C'est depuis ce jour •	• d'abandonner la chasse.

3 **Sépare** les mots. Puis **réécris** la phrase.

C'estcommeçaquejemarche!

4 **Relie** chaque phrase au bon dessin.

Le bébé essaie de monter la marche de l'escalier. •

Le lion marche dans le champ. •

• 

• 

Entoure le mot identique dans ces deux phrases.
A-t-il le même sens ? **Entoure** le nom en bleu. **Entoure** le verbe en rouge.

5 **Écris** deux phrases différentes avec le nom et le verbe : marche.

6 Qu'est-ce qui est pareil dans ces dessins ? Qu'est-ce qui change ?

7 **Entoure** les phrases qui correspondent à la réalité.

Le pêcheur attrape le poisson.

Le poisson attrape le pêcheur.

L'enfant regarde la Lune.

La Lune regarde l'enfant.

8 **Écris** deux phrases qui correspondent aux dessins.

L'art de représenter le vent

Regarde bien ces trois tableaux. **Décris** comment est représenté le vent sur chacun d'eux.
Essaie de les classer du plus faible au plus fort coup de vent.
Explique pourquoi tu as choisi ce classement.

Navires dans le vent, Simon de Vlieger, vers 1628.

Les Intempéries, George Hunt, 1827.

L'Été à Bezons, Claude Monet, 1874.

En peinture, il y a différentes manières de représenter le vent, même si on ne le voit pas. Le plus souvent, c'est grâce au mouvement des objets ou des personnages qu'un peintre peut le représenter.

La lettre a

a

Lis plusieurs fois ces mots.

une m**ai**son	il est p**au**vre	une tr**an**che	une m**ain**
une s**ai**son	il est s**au**vage	une ch**an**son	un b**ain**

Lis plusieurs fois ces paires de mots.

vilain – vilaine
une plainte – une plaine
c'est fait – c'est faux
c'est épais – une épaule
un pauvre – un pantalon
une faute – une fanfare

une prairie – un piano
un trait – un triage
une crainte – en criant
un train – un triangle

- C'était il y a très longtemps. Le roi des animaux proposa d'abandonner la chasse.

1 **Écris** les mots dans la bonne colonne.

une araignée – méchant – plaindre – une épaule – une chanson – un chauffage – craindre – faire – sauter – une danse – du lait – vilain

ai	ain	au	an

2 **Complète** les mots avec : *ai, ia, ain, ian.*

de la v______de *un p______niste*

m______tenant *une m______son*

3 **Recompose** les mots et **écris**-les.

main / de	ge / ffa / chau	plai / sir
______	______	______

Au voleur !

Écoute le premier épisode de l'histoire.

Marion

Tonton Hector

La patronne de l'hôtel

Le policier

Monsieur Coloréto

La dame en fauteuil roulant

Le monsieur aux bagues

Le monsieur en costume écossais

voyage

Paysages de bord de mer

Regarde cette image. **Décris** ce que tu vois.

Des sons et des lettres eu

Trouve dans l'image des mots où tu entends eu.

eu 2 eu
deux

-eu. -eu.

un pêcheur

⚠ un monsieur

un nœud – un vœu

1 **Écoute** les mots. **Écris** oui si tu entends eu et non si tu ne l'entends pas.

1	2	3	4	5	6	7	8

2 **Entoure** en rouge les dessins où tu entends eu comme dans « deux ».
Entoure en bleu ceux où tu entends eu comme dans « pêcheur ».

3 **Entoure** en bleu toutes les écritures de eu et en rouge toutes celles de œu.

eu en ne ei eu œu on en eu œu pen pleu ven deu œu meu

4 **Écris** les mots dans la bonne colonne.

un cheveu – une sœur – un peu – seul – la hauteur – jeudi – bleu

J'entends eu de « deux ».	J'entends eu de « pêcheur ».

eu
œu

Observe et **lis.**

eu

h**eu**reux	p**eu**reux	danger**eux**
un p**eu**	du f**eu**	un chev**eu**
un cr**eux**	affr**eux**	affr**eu**sement
bl**eu**	un bl**eu**et	bl**eu**ir
jou**eu**se	une dans**eu**se	une coiff**eu**se
un j**eu**	un j**eu**di	

eu.

une h**eure**	la chal**eur**
une p**eur**	un dans**eur**
un direct**eur**	un animat**eur**
une coul**eur**	une douc**eur**
un cherch**eur**	un ordinat**eur**
s**eul**	n**euf**

œu

des **œu**fs – des v**œu**x – des n**œu**ds

œu.

un **œuf** – un b**œuf**
un c**œur** – une s**œur**

- Le chauffeur démarre. Il prend une route sinueuse.
- Le bleuet est une belle fleur bleue.
- Tout à coup, quelqu'un a hurlé : « Au voleur ! Au voleur ! »

5 **Recompose** les mots et **écris**-les.

a t c r f u e — un ____________

l v s e u o e — une ____________

e u s d r n a — un ____________

6 **Complète** comme le modèle : il danse — un danseur — une danseuse

il grimpe	un grimp______	une grimp______
il coiffe	un coiff______	une coiff______
il visite	un visit______	une visit______

7 **Complète** les phrases avec : hauteur ou odeur, deux ou peu, cœur ou sœur.

Je n'aime pas l'____________ de l'essence.

La tour Eiffel est d'une grande ____________.

Nous avons ____________ mains. Il y a ____________ de monde dans la rue aujourd'hui.

Romain a mal au ____________. La petite ____________ de Séverine s'appelle Julie.

8 **Écris** la dictée sur ton cahier du jour.

Épisode 2

Titre : ....

Lis le texte.

Marion est partie visiter le Parc des Cinq Terres avec son oncle. L'oncle de Marion est un grand scientifique qui adore apprendre des tas de choses à sa nièce. Marion nous raconte son voyage.

En arrivant, mon oncle m'a donné des précisions sur les tamaris et leurs branches fines.
– On les trouve surtout en bord de mer, m'a-t-il dit.
Puis nous sommes montés dans la voiture qui nous emmenait à l'hôtel.

L'hôtel se trouvait dans la montagne, au calme.
Pourtant, **dès** notre arrivée, quelqu'un a hurlé :
– Au voleur ! Ma sacoche ! On m'a volé ma sacoche !
L'homme semblait très en colère. La patronne de l'hôtel a demandé tout de suite ce que contenait la sacoche.
– Des pierres précieuses ! a répondu Monsieur Coloréto.
– Pourquoi les avez-vous gardées dans votre chambre ? a demandé la patronne.
– **Car** je pensais que les clients de cet hôtel étaient honnêtes !
– Honnêtes ! a répété une femme assise dans un fauteuil roulant.
C'est vite dit. Moi, je me méfie.
Personne n'avait entendu arriver cette dame habillée en noir.
Elle portait des bottines poussiéreuses et avait un air désagréable.

Ensuite, la patronne a téléphoné à la police et elle a demandé que personne ne sorte.

La boîte à outils

dès – car – ensuite

1 **Réponds** aux questions.

Où Marion arrive-t-elle avec son oncle ?

____

Qu'est-ce qui a été volé dans l'hôtel ?

____

2 **Écris** qui est **je** dans ces phrases (lignes 16 et 18).

… **je** pensais que les clients de cet hôtel étaient honnêtes ! … **je** me méfie.

[ ] [ ]

3 **Complète** avec les mots de l'histoire :

désagréable – fines – poussiéreuses – roulant

des branches ______________ un air ______________

des bottines ______________ un fauteuil ______________

4 **Complète** chaque phrase avec le verbe qui convient :

demande - demandera - a demandé

En ce moment, la patronne ______________ des précisions à Monsieur Coloréto.

Hier, Marion ______________ des précisions sur les tamaris.

Demain, la police ______________ des précisions aux clients de l'hôtel.

5 **Recompose** les trois phrases et **recopie**-les.

Hier,		interroge	
Maintenant,	la police	interrogera	tous les suspects.
Demain,		a interrogé	

____

____

____

6 **Dis** ce qui est pareil et ce qui change dans ces dessins.

7 **Dis** ce qui est pareil et ce qui change dans ces groupes de mots.
Entoure les mots ajoutés.

un chapeau un chapeau rond un chapeau pointu

8 **Entoure** ce qui change dans ces groupes de mots. Puis **dessine** ce qu'ils représentent.

une pomme rouge une pomme verte

Tous les paysages de bord de mer se ressemblent-ils ?

Observe ces paysages de bord de mer. **Dis** ce qui est pareil et ce qui change.

1 **Observe** cette photo du Parc des Cinq Terres. **Dis** ce que tu vois.

2 **Recopie** ces mots sous les bons dessins.

Le bord de mer peut être constitué d'une *plage*, de *rochers* ou de *falaises*.

Les paysages de bord de mer peuvent être ______________.
Les côtes peuvent être :
- des plages de sable ;
- des rochers ;
- des falaises.

Épisode 3

Des sons et des lettres

(i.)

Trouve dans l'image des mots où tu entends (i.).

ien *ien*

un chien

ion *ion*

$$\begin{array}{r} 10 \\ +12 \\ \hline 22 \end{array}$$

une opération

1 **Entoure** en rouge les mots où tu entends (ien) et en bleu ceux où tu entends (in).

2 **Entoure** tous les écritures de i. dans ces mots.

un adieu – un escalier – un papier – une assiette – un lion

un pompier – un camion – le tien – rien – un Indien

3 **Écris** les mots dans la bonne colonne : une ceinture – un étudiant – le pharmacien
un grain – un musicien – la viande – une teinture – un train

ein	ien	ain	ian

4 **Complète** les mots avec *ien* ou *ion*.

une punit____ *un mécanic____* *une permiss____*

b____tôt *il rev____t* *une act____* *r____*

i.

Observe et **lis.**

un p**ia**no – un mar**ia**ge – un av**ia**teur – une rad**io** – un v**io**lon
la v**ian**de – un étud**iant** – un av**ion** – une rég**ion** – un p**ion**
un pap**ier** – un coll**ier** – une p**ie**rre – une pouss**ière**
le mil**ieu** – un ad**ieu** – silenc**ieux** – od**ieux**
un ch**ien** – b**ien**tôt – un mécanic**ien** – le m**ien** – un music**ien**

⚠ une cliente

- La sacoche du monsieur contient des pierres précieuses.
- Un deuxième policier rejoint le premier pour mener l'enquête.
- Marion ouvre la portière arrière de la voiture.

5 **Complète** les mots avec *ien* ou *ein*.

une c____ture *un music____* *un Ind____* *un p____tre*

6 **Continue** comme le modèle : une fraise → un frais**ier**.

une framboise → *un frambois____*
une poire → *un poir____*
une pomme → *un pomm____*
une banane → *un banan____*

7 **Continue** comme le modèle : un chien → une chien**ne**.

un gardien → *une* ____________
un comédien → *une* ____________
un musicien → *une* ____________
un Italien → *une* ____________

8 **Complète** les mots avec ier ou ière comme dans le modèle.

un fermier → une fermière
une pâtissière → *un pâtiss____*
un policier → *une polic____*
un crémier → *une crém____*

9 **Écris** la dictée sur ton cahier du jour.

Titre : ....

Lis le texte.

Les clients de l'hôtel étaient réunis dans le salon quand les deux policiers sont arrivés.
– Je vais interroger tout le monde **pendant** que mon collègue fouille l'hôtel, a dit le chef des policiers. Monsieur Coloréto, quand avez-vous vu votre sacoche pour la dernière fois ?
– Ce matin.

Le policier s'est ensuite adressé à la cliente en fauteuil roulant :
– Madame, qu'avez-vous fait **depuis** la fin de la matinée ?
– Je suis descendue pour déjeuner. Ensuite, je suis remontée me reposer.
– Et vous, monsieur, que faisiez-vous ? a demandé le policier.
– J'ai dormi **jusqu'à** quatorze heures. Je m'étais couché tard. Puis je me suis habillé, a déclaré l'homme vêtu d'un short et chaussé de mocassins neufs.
– Et vous ? a interrogé le policier.
L'homme était habillé d'un costume élégant et ses chaussures brillaient.
– J'ai mangé ici. Puis je me suis endormi **jusqu'à** ce que j'entende les cris.
– Et vous ? a demandé le policier en se tournant vers nous. Que faisiez-vous ?

Mon oncle allait répondre, mais le deuxième policier est revenu. Il a annoncé :
– Chef, j'ai fouillé partout et je n'ai rien trouvé.

La boîte à outils

dès – car – ensuite – **pendant** – **depuis** – **jusqu'à**

1 **Réponds** aux questions. **Entoure** la bonne réponse.

Combien y a-t-il de clients dans l'hôtel ? 4 5 6 7

Qui a besoin de beaucoup de repos ? ....

2 **Colorie** de la même couleur les étiquettes qui ont le même sens.

– J'ai fouillé partout.	– J'ai mangé ici.
– J'ai couru partout.	– J'ai discuté ici.
– J'ai cherché partout.	– J'ai déjeuné ici.

3 Aimerais-tu assister à une enquête policière ? **Explique** pourquoi.

....

....

4 **Regarde** les dessins. Puis **complète** les phrases avec : *mais* – *car* – *et*.

Camille est tombée ______ elle a trébuché sur une pierre.

Camille est tombée ______ elle saigne.

Camille est tombée ______ elle ne s'est pas fait mal.

5 **Complète** les phrases.

Antoine aimerait se promener mais ______

______

Antoine aimerait avoir des jumelles car ______

______

Antoine aimerait savoir dessiner et ______

______

6 **Dis** ce qui est pareil et ce qui change dans ces dessins.

7 **Dis** ce qui est pareil et ce qui change dans ces phrases.
Entoure les mots qui changent. Quelle information apportent-ils ?

Le chien se promène sur la plage.

Le chien se promène dans la forêt.

Le chien se promène au bord d'un lac.

8 **Lis** ces phrases. **Entoure** ce qui change, puis **dessine** ce qu'elles représentent.

Le chat saute sur le mur.

Le chat saute dans l'arbre.

Comment montrer un lieu géographique ?

1 **Dis** quelles sont les différences entre cette photo et le dessin en dessous.

2 **Colorie** sur ce plan les routes en rouge et le village en jaune.

Un lieu géographique peut être montré par :
- une photo ;
- un plan ;
- une carte.

Vert de mer

Un poisson connaissait par cœur
Les noms de tous les autres poissons.
Il connaissait les algues, les courants,
Les sédiments, les coquillages.
C'était un érudit.
Il exigeait d'ailleurs qu'on l'appelât
« maître » !
Il savait tout de la mer
Mais il ignorait tout de l'homme.
Et un jour il se laissa prendre au bout
D'un tout petit hameçon.

Madeleine Le Floch, *Petits contes verts pour le printemps et pour l'hiver*,
Éditions Saint-Germain-des-Prés, 1975.

Parapluie de mer

Chiffon bleu nuit
Sur une plage,
Un parapluie
Plie sous l'orage.

Chiffon bleu nuit
Dans les éclairs,
Le parapluie
Supplie la mer.

Le pépin nu
Pleure sa peine :
Il a perdu
Une baleine.

Pierre Coran,
Jaffabules,
Le Livre de poche jeunesse

Grande marée

Aujourd'hui grande première
à la mer
sous la baguette du vent
L'océan joue Wagner

Et sautent les vagues
comme des petits rats
en tutus d'écume blanche

Les jours de grande marée
ne venez pas chez moi
je suis à l'opéra.

Clod'Aria,
L'ombre tourne,

Épisode 4

Des sons et des lettres

ÿ

y

Observe et **lis.**

• ← y → •

.y. .y.	.y. .y.	.y. .y.
 un crayon	 un noyau	 un tuyau
un r**ay**on un cr**ay**on effr**ay**ant la fr**ay**eur bal**ay**er p**ay**er	ab**oy**er un n**oy**au un v**oy**age envo**y**er une v**oy**elle un r**oy**aume	ennu**y**er appu**y**er un tu**y**au essu**y**er br**uy**ant ennu**y**eux

- Il prend une balayette pour nettoyer la poussière.
- Ce voyage est ennuyeux.

1 **Écris** ces mots dans la bonne colonne.

un crayon – un voyage – un tuyau – un boyau – appuyer – balayer

ay-	uy-	oy-

2 **Écris** ces mots dans la bonne colonne.

une frayeur – une bicyclette – un crayon – un pyjama – un moyen – un stylo

y = i	.y. = ii

3 **Complète** les mots avec *i* ou *y*.

Les enfants font des opérat__ons. Le ra__on de chaussures est bien garni.

Il y a de la pouss__ère sur la table. La mine du cra__on est cassée.

J'ai vu un film sur les Ind__ens. Il y a un no__au dans l'abricot.

4 **Écris** la dictée sur ton cahier du jour.

La lettre e

e

Lis plusieurs fois ces mots.

un sil**en**ce	p**eu**r**eu**x	un bat**eau**
un m**en**songe	une fl**eu**r	un mant**eau**
un paqu**et**	une bal**ei**ne	une c**ein**ture
un tourniqu**et**	la n**ei**ge	une p**ein**ture

Lis plusieurs fois ces paires de mots.

un feutre – une fente	coûteux – des couteaux	une baleine – un lien
un peu – une pente	un facteur – un poteau	il freine – un frein
il teint – il tient	un moment – ils montent	ouvertement – ils ouvrent
un rein – un rien	un glissement – ils glissent	fortement – ils forcent

1 **Écris** les mots dans la bonne colonne.

un marteau – un soutien – furieux – une vente – un peigne – une teinture

eu	en	ei
______	______	______

ein	ien	eau
______	______	______

2 **Complète** les mots avec : *en – eu – ei – ein – ien.*

une coul____r – pl____voir – la n____ge

un p____tre – b____tôt – un m____songe

3 **Recompose** les mots et **écris**-les.

(mé dé geur na) (dre di ven) (re cein tu)

un ______ ______ *une* ______

Titre : ....

Lis le texte.

Dans mon lit, j'entendais de drôles de bruits. Impossible de fermer l'œil. Je me suis levée… Dans le couloir, la lumière de la veilleuse tremblait mais j'ai aperçu les chaussures. Les clients les avaient déposées afin de les faire cirer. Je les ai ramassées et j'ai filé dans la salle de bains. J'ai installé notre microscope. Après avoir prélevé de la poussière sur chaque chaussure, je l'ai analysée. Une heure plus tard, je savais qui avait volé les pierres.

Le lendemain, tous les clients prenaient leur petit-déjeuner dans la salle à manger. Je leur ai dit :
– Je sais qui est le voleur. **Hier**, une personne a quitté l'hôtel. Cette nuit, j'ai récupéré un peu de poussière sur vos chaussures. Sur l'une d'elles, j'ai trouvé du pollen provenant d'un arbre qui s'appelle le tamaris. Cet arbre ne pousse pas sur les hauteurs des Cinq Terres. On n'en trouve qu'au bord de la mer, près de la gare. Ce qui veut dire qu'un des clients a volé la sacoche, est descendu près de la gare, l'a déposée quelque part, puis est remonté à l'hôtel.
– Et cette personne, qui est-ce, à ton avis ? a demandé Tonton, épaté par mon raisonnement.

Je me suis avancée vers la dame assise dans le fauteuil roulant…

La boîte à outils

dès – car – ensuite – pendant – depuis – jusqu'à – **hier**

1 Réponds **aux questions.**

Qu'a utilisé Marion pour analyser la poussière des chaussures ?

Qu'a trouvé Marion sur les chaussures de la dame en fauteuil roulant ?

2 **Colorie** de la même couleur les étiquettes qui ont le même sens.

impossible de fermer l'œil	j'ai prélevé de la poussière
impossible de dormir	j'ai essuyé la poussière
impossible de travailler	j'ai récupéré de la poussière

3 **Explique** pourquoi, selon toi, l'oncle de Marion est épaté.

4 **Complète** les phrases avec le mot qui convient :
Demain - Hier - En ce moment.

.... Marion explique qui est le voleur.

.... Marion expliquera qui est le voleur.

.... Marion a expliqué qui est le voleur.

5 **Écris** trois phrases en utilisant ces mots :
Hier - Maintenant - Bientôt et arrose - arrosera - a arrosé.

....

....

....

6 **Observe** ces dessins. Puis **complète** chaque groupe de mots avec le mot qui convient :
rouge - verte - rouges - vertes.

un crayon ....

des crayons ....

une plante ....

des plantes ....

7 **Classe** ces groupes de mots dans la bonne colonne. **Entoure** les marques du pluriel.
une jupe longue – des chaussures neuves – un exercice difficile – des haricots verts

Groupe singulier	Groupe pluriel
....	....
....	....

8 **Observe** les dessins. **Écris** ce que tu vois.

....

....

....

L'art de représenter des bords de mer

Observe bien ces deux tableaux. **Décris** comment la mer est représentée sur chacun d'eux. **Explique** les différences.

Bord de mer à Saint-Briac-en-mer, en Ille-et-Vilaine, Paul Signac, 1890.

Tempêtes, côtes de Belle-Île, Claude Monet, 1886.

Les paysages de bord de mer ont inspiré beaucoup d'artistes. Selon la manière dont le peintre représente l'eau, il donne une impression de calme ou de tempête à sa peinture.

Qu'est-ce qu'un pays ?

1 **Observe** cette carte météo de la France et **repasse** en rouge ses frontières.
Marque une croix à l'endroit où tu vis et **dis** le temps qu'il y fait.

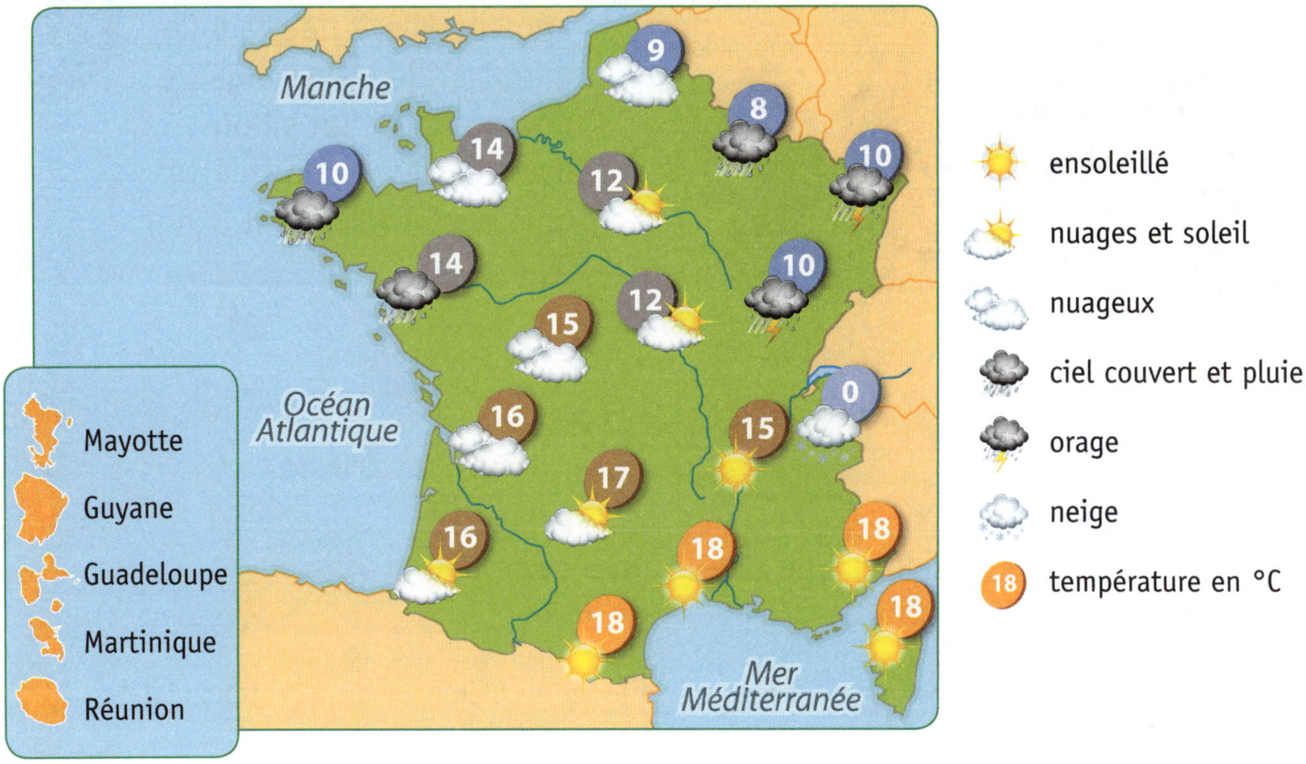

2 **Colorie** la France sur cette carte de l'Europe.

3 **Colorie** le drapeau français.
Écris le nom de la capitale de la France.

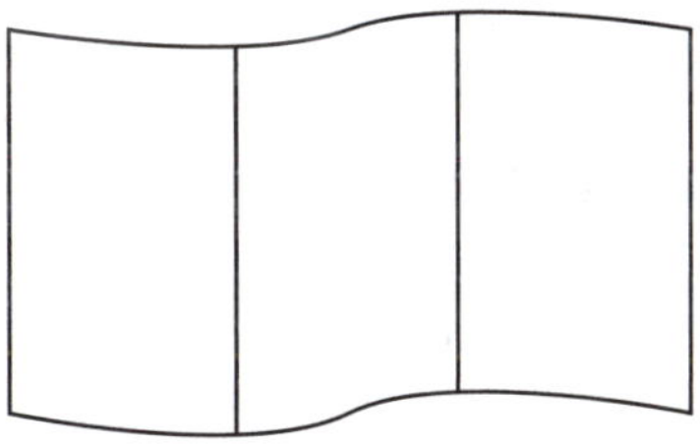

Capitale : ____________________

Un pays est un territoire bordé de ____________________.

Chaque pays possède un ____________________ et une ____________________.

Des sons et des lettres (ill) ill.

Trouve dans l'image des mots où tu entends (ill).

une fille – une bille
une cheville – une famille
une pastille – une aiguille
un papillon – un sillon
des rillettes – une fillette
un tilleul – un filleul

ill. *ill.*

une bille

⚠ mille un million une ville un village une villa

1 **Entoure** en rouge les dessins où tu entends (ill) et en bleu ceux où tu entends (il).

2 **Écris** les mots sous les dessins.

 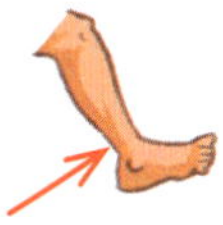  

un ______ une ______ un ______ une ______

3 **Complète** avec *iller* ou *iler*.

s' hab ______ *enf* ______ *emp* ______ *br* ______ *gr* ______

4 **Complète** les phrases avec *fille* ou *file*, *habile* ou *habille*.

Mon oncle a une ______. La ______ de voitures est impressionnante.

La maman ______ son bébé.

Le peintre est ______ quand il dessine des fleurs.

5 **Écris** la dictée sur ton cahier du jour.

Au voleur !

1 **Lis** ces deux résumés. **Entoure** le numéro du bon résumé de l'histoire.
Souligne ce qui ne correspond pas à l'histoire.

1. Marion et son oncle partent visiter l'Italie. À leur arrivée à l'hôtel, un vol de pierres précieuses vient d'avoir lieu. La police mène l'enquête. Six clients étaient présents dans l'hôtel au moment du vol : Monsieur Coloréto, à qui on a volé sa précieuse sacoche, une femme en fauteuil roulant et deux hommes. Qui est le voleur ? Les policiers interrogent tout le monde et finissent par trouver des indices importants. Le voleur est démasqué.

2. Marion et son oncle voyagent en Italie. Quand ils arrivent à l'hôtel, un vol de pierres précieuses vient d'avoir lieu. La police enquête sur place. Quatre clients étaient présents dans l'hôtel au moment du vol : Monsieur Coloréto, à qui on a volé sa précieuse sacoche, une femme en fauteuil roulant et deux hommes. Qui est le voleur ? La police interroge tout le monde mais c'est Marion qui trouve la solution à partir d'indices qu'elle a découverts.

2 **Numérote** ces images dans l'ordre de l'histoire. Puis **écris** ce qui se passe.

Pourquoi la mer est-elle salée ?

Des sons et des lettres

ail – eil
euil – ouil

Trouve dans l'image des mots où tu entends (ail), (ouil), (euil), (eil).

⚠ cueillir
un accueil

aill. *aill.*  *une médaille*	eill. *eill.*  *une abeille*	ouill. *ouill.*  *une grenouille*	euill. *euill.*  *une feuille*

1 **Entoure** en rouge les dessins où tu entends (eil) et en bleu ceux où tu entends (el).

2 **Écris** les mots dans la bonne colonne : une médaille – une oreille – un rail – un réveil – un travail – un orteil – une abeille – une bataille

ail	aill	eil	eill

3 **Complète** les mots avec *aille* ou *eille*.

*une ab*______ *une bat*______ *une méd*______

*la t*______ *une merv*______ *une p*______

4 **Complète** les mots avec *ouiller* ou *ailler*.

*f*______ *m*______ *trav*______ *chat*______ *t*______

ail – ouil
euil – eil

Observe et **lis.**

ail aill.	**ouil ouill.**	**euil euill.**	**eil eill.**
un trav**ail** – un port**ail**	du fen**ouil**	un faut**euil**	le sol**eil**
un vitr**ail** – un dét**ail**	une gren**ouill**e	un écur**euil**	un rév**eil**
une mur**aill**e – une p**aill**e	une n**ouill**e	un s**euil**	un ort**eil**
une méd**aill**e – une m**aill**e	d**ouill**et	un tr**euil**	une or**eill**e
trav**aill**er – t**aill**er	une b**ouill**otte	une f**euill**e	une bout**eill**e
bâ**ill**er – bat**aill**er	un br**ouill**on	le f**euill**age	une ab**eill**e
un trav**aill**eur – un t**aill**eur	r**ouill**er	f**euill**u	une merv**eill**e
trav**aill**er	m**ouill**er	eff**euill**er	rév**eill**er

- L'homme a déclaré : « Je me suis habillé pour sortir. D'ailleurs, je devrais déjà être parti. »
- L'écureuil se cache dans les feuillages.
- La dame en fauteuil roulant a bredouillé : « Je ne marche pas… »

5 **Écris** ensemble les mots de la même famille.

une feuille – un travail – une oreille – la rouille – travailler – un oreiller – rouiller – le feuillage – un travailleur – dérouiller – un feuillet – une oreillette

6 **Recompose** les mots et **écris**-les.

i t v a r a l — l n i o u l e — l e b u t i e o l — é v r e l i

un ______ une ______ une ______ un ______

7 **Complète** ces phrases avec : *paille* ou *pâle*, *fouille* ou *foule*, *seuil* ou *seul*.

Il y a de la ______ dans les écuries.

Une ______ immense admire le match.

Un bébé commence à marcher ______ vers un an.

8 **Écris** la dictée sur ton cahier du jour.

Pourquoi la mer est-elle salée ?

Lis le texte.

Il y a fort longtemps, vivaient en Chine deux frères : Wang-l'aîné, qui était riche, et Wang-cadet, qui vivait dans la misère.

Un jour, Wang-cadet n'eut plus rien à manger. Il alla chez son frère aîné pour lui demander un peu de riz. Son frère aîné, avare, refusa. Wang-cadet rentrait, les mains vides, quand il aperçut une meule sur la route. Il la rapporta chez lui. Wang-cadet posa la meule par terre et, de dépit, lui donna un coup de pied. La meule se mit à tourner et à moudre du sel. Elle tournait, tournait… et il en sortait de plus en plus de sel. Wang-cadet inquiet se demandait comment il pourrait arrêter la meule. Il eut l'idée de la retourner, et elle s'arrêta enfin. À partir de ce jour, Wang-cadet échangeait du sel avec ses voisins contre ce qui lui était nécessaire. Il vécut heureux.

Le frère aîné, jaloux, vint voir Wang-cadet et lui demanda sa meule. Le frère cadet n'osa pas refuser. **Trop** pressé, Wang-l'aîné rapporta vite la meule dans sa maison et la poussa du pied. La meule se mit à tourner, tourner… Le tas de sel grandissait sans cesse. Wang-l'aîné prit peur. Il ne savait pas comment arrêter la meule alors il la jeta dans la mer.

Depuis ce temps-là, la meule continue à tourner au fond de la mer et à moudre du sel.

La boîte à outils

dès – car – ensuite – pendant – depuis – jusqu'à – hier – **trop**

1 **Réponds** à la question.

Quel est l'objet qui sale la mer depuis longtemps ?

____

2 **Écris** qui est **lui** dans ces phrases du texte.

Wang-cadet **lui** demanda un peu de riz. → ______________

Wang-cadet **lui** donna un coup de pied. → ______________

Wang-cadet emporta la meule chez **lui**. → ______________

3 **Coche** la bonne réponse.

Quand se déroule cette histoire ?

☐ en ce moment ☐ dans un passé lointain ☐ dans le futur

4 **Numérote** les phrases suivantes dans l'ordre de l'histoire.

☐ Wang-cadet se demandait comment arrêter la meule.

☐ Wang-cadet aperçut une meule sur la route et il l'emporta chez lui.

☐ Il eut l'idée de la retourner, et elle s'arrêta.

☐ La meule se mit à moudre du sel encore et encore.

5 **Recopie** les phrases ci-dessus dans le bon ordre.
Ajoute deux des mots suivants : *après – alors – mais – ensuite*.

____

____

____

____

6 **Observe** les dessins. Puis **complète** les phrases avec : *Un élève – Des élèves.*

____________________ chante. ____________________ chantent.

Entoure toutes les marques du pluriel dans la phrase. N'oublie pas le verbe.

7 **Écris** une phrase pour chaque dessin avec les mots suivants :
Un poisson rouge – Des poissons rouges – nage. – nagent.

____________________ ____________________

8 **Observe** le dessin et **écris** une phrase.

____

Comment est la surface de l'eau ?

1 **Observe** ces dessins représentant des bouteilles contenant de l'eau colorée.
Que penses-tu de ces dessins ? Représentent-ils la réalité ?

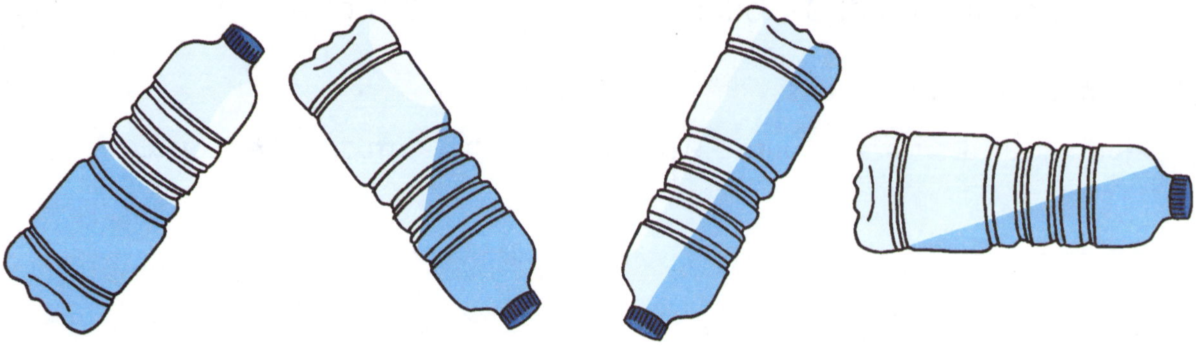

2 Pour vérifier, **réalise** les manipulations. Puis **colorie** l'eau dans chaque bouteille.

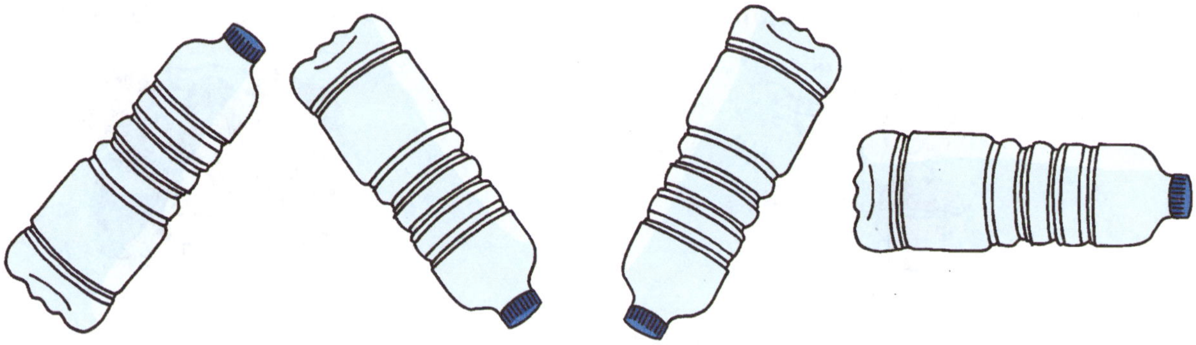

3 **Observe** ces dessins qui représentent des tubes. Comment est la surface de l'eau dans chaque tube ?

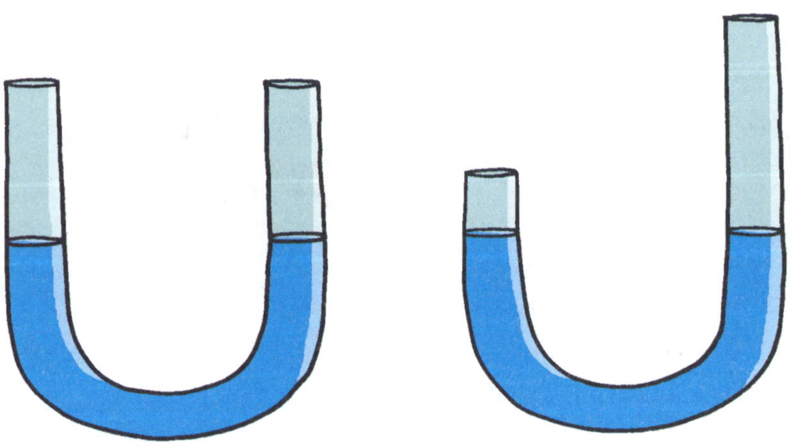

un niveau à bulles

La surface de l'eau est toujours plane et ______________________.

La lettre o

O

Lis plusieurs fois ces mots.

la p**ou**ssière — un **on**cle — une v**oi**ture — au l**oin**

une r**ou**te — un c**on**seil — du p**oi**vre — un bes**oin**

Lis plusieurs fois ces paires de mots.

la couture – la confiture

repousser – répondre

un voile – un violon

trois – un trio

un petit pois – un point

une poitrine – pointu

une occasion – un soin

un lionceau – le lointain

- Trop pressé, le frère aîné rapporta vite la meule dans sa maison et la poussa du pied.

1 **Écris** ces mots dans la bonne colonne.

c'est pointu – un sourcil – un poisson – un patron – c'est loin – un journal
une montre – une loi – une fourmi – du foin – une armoire

ou	on	oi	oin

2 **Complète** ces mots avec : *oi, oin, io, ion*.

une b______sson — *un tém______*

un v______lon — *un cam______*

un trott______r — *un av______*

3 **Recompose** les mots et **écris**-les.

(toi, his, re) — (tu, re, poin) — (vio, nis, lo, te)

une ______ — une ______ — un ______

Solide ou liquide ?

Tu as appris que les liquides coulent, qu'ils prennent la forme du récipient et que leur surface est horizontale.

1 D'après toi, la farine, le sel fin et le sucre en poudre sont-ils des liquides ? **Justifie** ta réponse.

2 **Réalise** ces expériences et **dessine** les résultats.

	Verse	Incline	Remue	Après 5 minutes de repos

Que peux-tu en conclure ? ______________________________

Les solides ont leur propre forme. On peut les couper en morceaux de plus en plus petits mais leur surface au repos n'est pas naturellement ______________.

La farine, le sel fin, le sucre en poudre sont des ______________.

Des sons et des lettres

gn

gn

Trouve dans l'image des mots où tu entends (gn).

gn  gn

un agneau

la monta**gn**e – la campa**gn**e
des si**gn**aux – des a**gn**eaux
une vi**gn**e – une li**gn**e
une arai**gn**ée – une poi**gn**ée
un bei**gn**et – un poi**gn**et
un champi**gn**on – un compa**gn**on

1 **Écoute** les mots. **Écris** oui si tu entends (gn) et non si tu ne l'entends pas.

1	2	3	4	5	6	7	8

2 **Entoure** en rouge les dessins où tu entends (gn) et en bleu ceux où tu entends (n).

3 **Écris** les mots dans la bonne colonne.

une châtaigne – un bananier – un panier – une signature – dernier – un peigne

gn	n

4 **Recompose** les mots et **écris**-les.

(gna bai de) (gne ta mon) (tu re gna si)

une .... une .... une ....

5 **Écris** la dictée sur ton cahier du jour.

Crédits photographiques

P. 5 © P. Laplace / ASP Editions ; **16** © GlowImages Décor / hemis.fr ; **22** © Arnaud Chicurel / hemis.fr; **26** © Coll. Kharbine-Tapabor / T.; **34ht** BIS / Ph. Coll. Archives Larbor ; **34bas** BIS / Ph. Jeanbor © Archives Larbor; **37** © Patrick Escudero / Hoa-Qui / Gamma-Rapho; **42htg** D.R.; **42htm** D.R.; **42htd** © Katia Vasileva / Shutterstock ; **42bas** © C. Boyer ; **43 N°1** © Marc Lobjoy / Fotolia.com ; **43 N°2** © Kobby Dagan / Fotolia.com ; **43 N°3** © Christa Eder / Fotolia.com ; **43 N°4** © Lakov Kalinin / Shutterstock ; **48 N°1** © Eric & David Hosking / Corbis /T. ; **48 N°2** © Blondel / Andia.fr / T. ; **48 N°3** BIS / Ph. Sonneville © Archives Nathan / T. ; **48 N°4** © Emmanuel Valentin / Hoa Qui / Gamma-Rapho / T. ; **49 N°1** © Christophe Sidamon-Pesson / Biosphoto / T. ; **49 N°2** © Hervé Champollion / Top / Gamma-Rapho ; **49 N°3** © Marge / D.R. ; **49 N°4** © Jean-Philippe Delobelle / Biosphoto ; **49 N°5** © Dominique Reperant / Hoa-Qui / Gamma-Rapho ; **54** 2 photos © Karen Raccah ; **64ht** © NouN / Biosphoto ; **64mg** © Krasowit / Shutterstock ; **64md** © Steve Estvanik / Fotolia.com ; **64basg** © C. Boyer ; **64basd** © C. Boyer ; **67** © Jacques Bloch apiculteur ; **72htg** © Elliotte Rusty Harold / Shutterstock ; **72htd** © Fotoimpressionen / Fotolia.com ; **72basg** © C. Boyer ; **72basd** © Guy Piton / Biosphoto ; **73htg** © Yulia Romanova / Fotolia.com ; **73md** © Serg64 / Shutterstock ; **73basg** © Jacques Bloch apiculteur ; **78ht** © Joël Héras / Biosphoto ; **78mg** © Jean-Philippe Delobelle / Biosphoto ; **78md** © Fabrice Audier / Biosphoto ; **78bas** © Robin Monchâtre / Biosphoto ; **79ht** © Joël Bricourt / Biosphoto ; **79mg** © Simon Colmer / GAP / Biosphoto ; **79md** © Joël Bricourt /Biosphoto ; **79bas** © Yves Lanceau / Biosphoto ; **91** © Kalle Kolodziej / Fotolia.com ; **96htg** © National Maritime Museum, Greenwich / Leemage ; **96htd** © Heritage Images / Leemage ; **96bas** © BPK, Berlin, Dist. RMN / Jörg P. Anders; **99** © macumazahn / Fotolia.com ; **104htg** © Jonathan / Fotolia.com ; **104htd** © Crobard / Fotolia.com ; **104basg** © Patrizia Ferrandes / Fotolia.com ; **104basd** © Gerald Morand-Grahame / Hoa-Qui / Gamma-Rapho ; **105** © Razvy / Shutterstock ; **110** © mr green / Fotolia.com ; **116** BIS / © Archives Larbor ; **116** © FineArtImages / Leemage ; **117** © Pjasha / Shutterstock ; **124** © Didier Salou / Fotolia.com ; **126** © Stocksnapper / Fotolia.com.

Illustrateurs

Unité 5 (p. 4 à p. 35) :
Illustrations en rapport avec l'histoire *Arthur et son nouvel ami* : **Ewen Blain.**
Illustrations en rapport avec l'histoire de *Blanche-Neige* : **Olivier Deloye.**
Autres illustrations : **Patrick Gromy** et pour les **p. 15, 16, 22, 35** : **David Cathelin.**

Unité 6 (p. 36 à p. 65) :
Illustrations en rapport avec l'histoire *La plante du bonheur* : **Claire Frossard.**
Illustrations en rapport avec l'histoire *Jacques et le haricot magique* : **Magali Clavelet.**
Autres illustrations : **Patrick Gromy.**

Unité 7 (p. 66 à p. 97) :
Illustrations en rapport avec l'histoire *Panique dans les ruches* : **Jean-Noël Rochut.**
Illustrations en rapport avec l'histoire *Pourquoi le lièvre saute quand il se déplace* et pour la **p. 88** : **Yating Hung.**
Autres illustrations : **Patrick Gromy** et pour les **p. 72, 84, 85, 91** : **David Cathelin.**

Unité 8 (p. 98 à p. 127) :
Illustrations en rapport avec l'histoire *Au voleur !* : **Marie Flusin.**
Illustrations en rapport avec l'histoire *Pourquoi la mer est-elle salée ?* : **Magali Clavelet.**
Autres illustrations : **Patrick Gromy.** Pour les **p. 105, 124, 126** : **David Cathelin. P. 111 : Yating Hung**

Générique de l'ouvrage

Conception graphique : **Isabelle Vaudescal, Domitille Pasquesoone**

Mise en page : **Médiamax**

Couverture : **iow 2.10, Domitille Pasquesoone**

Iconographie : **Laurence Vacher**

Édition : **Pascale Costet**

Avec la participation de **Charlotte Marquevielle**

FSC www.fsc.org MIXTE Papier issu de sources responsables FSC® C022030

N° d'editeur : 10194552 - Dépôt légal : Février 2013
Imprimé en Espagne par Macrolibros